KB072375

언어를 디자인하라

언어를
디자인하라

유영만, 박용후 지음

아무 생각 없이 평생 써온 말이
당신 인생을 디자인해왔다!

당신 언어의 레벨이
당신 인생의 레벨이다

성공이란 절묘한 언어 표현에 달려 있다.
이탈로 칼비노

이탈리아의 작가 이탈로 칼비노는 "성공이란 절묘한 언어 표현에 달려 있다. 그것은 종종 순간적으로 번뜩이는 영감에서 나올 수도 있지만, 대개는 적확한 말, 그러니까 한 단어도 바꿀 수 없는 문장, 즉 소리와 개념의 가장 효과적인 결합으로 얻어진 (…) 간결하면서도 집중된, 잊을 수 없는 문장을 찾는 참을성 있는 탐구 끝에 얻어진다."고 했다.[1]

위대한 업적을 남겼거나 성취를 이룬 사람은 언어를 탁월하게 디자인한 사람이다. 똑같은 말이라도 자신의 철학과 신념을 담아 표현하려고 노력하는 사람은 삶의 격이 다르다. 잘 설계된 한마디에 촌철살인의 지혜가 있기 때문이다. 경지에 이른 깨달음도 중요하지만 거기서 나온 지혜가 어떤 언어의 옷을 입고 세상에 나오느냐가 성공을 좌우한다.

심오하지만 단순한, 단순하지만 깊이 있는 인생의 지혜가 담긴 명언은, 적확한 개념으로 이루어진 문장건축으로 완성된다. 단순함은 치열함의 산물이고, 복잡함은 나태함이 만든다. 세상을 바꾼 디자인이 그렇듯이, 어떤 분야에서 성공한 사람은 그 성공에 이른 길을 지극히 단순한 몇 가지 원리나 법칙으로 설명할 수 있다. 그렇지 못한 사람은 말도 복잡하고, 일하는 방식도 복잡하다.

자기만의 언어세계를 만들어낸 사람은 그 누구도 걸어가지 않은 길을 가는 선구자다. 언어를 창조하는 사람은 자기방식으로 세계를 재구성하고, 자기만의 언어를 통해 자기 생각을 가장 독창적으로 꺼내어놓는다. 생각의 쓸모는 언어의 다름이 결정하고 언어의 다름은 사람의 다름을 결정한다. 내가 특정 단어를 모르면 그 단어가 품고 있는 세계도 당연히 모른다. 내가 그 단어를 모른다는 것은 곧 그 단어가 품고 있는 세계도 모른다는 것과 다르지 않다.

세계를 다르게 보려면, 다르게 바라보는 생각의 매개체인 언어를 바꿔야 한다. 언어는 세상을 내다보는 안경이기 때문이다. 내가 어떤 언어적 관점을 통해 세상을 바라보느냐에 따라 세상은 전혀 다르게 보인다. 가끔 생각이 머릿속에서 맴돌다 밖으로 나오지 못하고 사라져버리는 경험을 하는데, 이것은 생각과 이어지는 언어를 모르기 때문이다.

또 언어는 꺼져가는 생각의 불씨도 되살리는 불쏘시개다. 맴도는 생각과 적확한 언어가 만나는 순간, 생각의 불씨는 되살아나고 상상력은 날개를 달고 세상으로 날아오르기 시작한다. 그래서 당신이 사용하는 언어의 레벨이 당신 인생의 레벨이고, 언격(言格)이 인격(人格)을 결정한다. 삶의 격을 높이고 싶다면 사용하는 언어의 품격을 높이면 된다.

내 언어의 한계가
내 세계의 한계

만약 언어가 존재하지 않는다면 우리는 생각한 바를 표현할 수 없다. 생각한 바를 표현할 수 없으면 세상에 드러낼 수 없다. 때문에 내가 사용하는 언어는 현재 내가 세상을 내다보는 세계의 한계가 어떠한지를 그대로 드러낸다. 내가 모르는 단어 뒤에 존재하는 세계는 알 수 없는 세계다. 단어를 모르면 그 단어가 담고 있는 세계도 모른다.

언어 철학자 비트겐슈타인이 자신의 저서 《논리-철학 논고》[2]에서 "내 언어의 한계는 내 세계의 한계를 의미한다(The limits of my language are the limits of my worlds)."라는 유명한 말을 남겼다. 언어는 세상을 내다보는 창이고, 단어 혹은 말로 표현할 수 없는 고차원적 생각이란 존재하지 않는다.

언제나 세상은 내가 가진 개념적 넓이와 깊이만큼 이해되고 해석될 수 있다. 언어의 한계가 생각의 한계이기 때문이다. 이 말을 뒤집어 생각해보면 '언어의 한계를 극복해 인식의 한계도 극복할 수 있다'는 뜻이다. 언어의 한계를 넘어서는 사람이 세계의 한계를 넘어선다. 언제나 언어가 문제다. 언어가 품고 있는 의미를 이해하지 못하면 사고는 바로 그 지점에서 멈추고 소통은 단절되며 여러 사람의 생각으로 자라지 못한다.

아무리 아이디어가 많아도 듣는 사람이 이해할 수 있는 언어로 풀어내지 못하면 아이디어는 머릿속의 생각으로만 머물게 된다. 아이디어를 현실 세계로 불러내기 위해서 그 아이디어를 언어로 바꿔내야 한다. 자동차의 타이어도 닳고 수명을 다하면 갈아 끼우는 것처럼, 언어도 새로운 단어로 바꾸어야 할 필요가 있다.

결국 아마추어와 프로의 차이는 언어력의 깊이와 크기 차이다. 아마추어는 언어가 가난하다. 언어가 가난하니 생각도 가난하고, 생각이 가난하니 행동의 폭도 좁다. 프로는 같은 문제에 직면해 기존 생각으로 해결할 수 없다는 판단이 들면 다른 사람의 생각과 언어로 주어진 문제를 다른 관점과 언어로 접근하려고 노력한다.

내가 누구인지를 알아보는 방법

천박한 언어를 사용하는 사람은 생각의 높이가 낮고 인격이 무너져 있다. 그러니 다른 사람을 감동시킬 수도 없다. 생각과 느낌은 모두 언어를 매개로 전달되기 때문이다. 언어가 빈약하면 사고도 더불어 빈약해진다. 사람은 비슷한 사람과 어울린다. 같은 수준의 언어 공동체가 결성되는 셈이다. 여기서 주고받는 언어가 그 공동체의 사고수준을 결정한다. 잘 다듬어진 언어 없이 생각하려는 사람, 감동적인 언어 없이 꿈을 꾸는 사람, 가슴 뛰는 언어 없이 성공을 쟁취하려는 사람에게 미래는 걱정과 우려뿐이다. 아니, 심각한 위기와 암담한 상황이 기다리고 있다.

이렇듯 언격(言格)이 곧 그 사람, 그 사회의 품격이라면, 어떻게 언어를 디자인해야 할까? 이 책은 바로 그 질문에 대한 답을 찾아간다. 언어 없는 생각의 표현은 공허한 공기의 울림에 불과하다. 사고의 정련은 언어의 갈고닦음을 통해서만 이루어진다. 그것도 고급언어를 오랫동안 사용하면서 익힌 언어사용 습관이 결정한다. 깊은 사고와 남을 배려하는 행동, 나아가 독창적인 생각과 경이로운 성취를 이뤄낸 비결은 언어를 디자인해 자신을 세상의 중심에 세우고 세상의 주인으로 살아가는 데 있다.

요즘 아이들이 가장 싫어하는 말이 "생각 좀 해보자."다. 다른 사람의 생각을 받아들여 비교하고 분석해서 따져보는 전두엽 기능이 마비된 상태다. 실제로 현대인의 뇌는 몰입하고 생각하는 기능을 상실하는 중이라는 연구결과도 많다. 더 심각한 문제는 책은 거의 읽지 않고 유튜브 등 동영상이나 이미지로 생각하는 과정에서 발생한다.

언어를 디자인해 인생의 격을 높이고 싶다면, 첫 번째로 할 일이 책을 읽고 깊이 사색하는 것이다. 하지만 책도 영상을 보듯이 훑어보다 막히는 문장이나 어려운 개념이 나오면 바로 덮어버린다. 읽지 않으니까 개념이 없어지고, 개념이 없으니까 책이 더 안 읽히는 악순환이 반복된다. 개념이 없으니 생각과 느낌을 달리 표현할 언어도 없다. 늘 틀에 박힌 방식으로 생각을 밀어내고 감정을 발설한다. 이 문제는 뒤에서 더 자세히 알아보겠다.

내가 누구인지를 알아보는 방법은 내가 어떤 언어를 사용하는 지를 보면 된다. 내 인생이 어디로 가고 있는지 알고 싶다면 내가 사용하는 언어의 수준을 보면 된다. 성실하게 좋은 재료를 축적해 언어를 디자인해 나가는 사람은 늘 신선하고 단단한 사고를 할 수 있다. 잘 설계된 언어로 생각을 발전시키고 세상을 바라보는 관점을 바꾸는 언어 디자인의 세계로 독자 여러분을 초대한다.

언어 철학자 비트겐슈타인은 "내 언어의 한계는 내 세계의 한계를 의미한다."라는
유명한 말을 남겼다. 언어가 없다면 인간은 다르게 생각하는 관점을 가질 수 없다.
언제나 세상은 내가 가진 개념적 넓이와 깊이만큼 이해되고 해석될 수 있다.
'언어의 한계가 생각의 한계'라는 말을 뒤집어 생각해보면, 언어의 한계를
넘어서는 사람이 세계의 한계를 넘어선다는 뜻이 된다. 언제나 언어가 문제다.

Part 1.

생각의 옷,
개념의 집

1.

당신이
사용하는 언어가
곧 당신이다

꿀벌은 밀랍으로 집을 짓고 살지만
사람은 개념으로 집을 짓고 산다.

니체

(

어린 시절 나는 충북 음성에서 자랐다. 중학교 때까지 학교 가는 시간을 빼고는 논과 밭에서 농사를 지었다. 겨울에는 비닐하우스에서 상추, 토마토, 오이 같은 채소와 과일을 재배했다. 소를 들판으로 끌고 나아가 풀을 뜯어 먹이는 동안 풀밭에 누워 맑은 하늘을 보며 무한 상상을 즐기기도 했다. 호미로 밭을 매고, 쟁기로 밭을 갈고, 낫으로 풀과 벼를 베고, 삽으로 흙을 고르는 일을 하며 몸으로 농사를 배웠다.

이때 배웠던 수렵, 어로, 채취 같은 농경의 언어는 비늘처럼 어린 내 몸에 각인되었다. 자연과 함께 지냈던 그때의 경험에서 나의 생태학적 상상력을 만들어낸 언어적 사유가 비롯되었을지도 모른다. 물고기 비늘에 바다가 새겨지는 것처럼 사람의 몸에는 언어의 비늘이 새겨진다. 삶의 얼룩과 무늬가 언어의 비늘이 되어 몸에 새겨지는 것이다. 우리가 어떤 환경에서 누구와 무슨 경험을 쌓으며 살아왔는지에 따라, 몸에 새겨지는 언어의 비늘도 달라진다.

그래서 매 순간 우리가 사용하는 언어는 어떤 환경에서 무슨 일을 하면서 자라는지에 따라 달라진다. 언어는 언제나 삶과 맞물려 돌아간다. 언어의 비늘은 우리가 살아가면서 경험한 슬픔이나 아픔의 얼룩으로, 즐거움과 기쁨의 무늬로 직조된다. 내리막과 오르막, 실패와 성공, 절망과 희망, 혼돈과 질서, 밑바닥과 정상, 걸림돌과 디딤돌, 배경과 전경, 어둠과 밝음처럼 삶은 음양(陰陽)의 이중주다.

(삶의 얼룩과 무늬,
  언어의 비늘이 되다

농경 생활자의 언어는 그들의 삶과 직결되어 당시의 문제의식이나 생활양식을 고스란히 반영한다. 삶의 무대가 바뀌면 무대 위에서 살아가는 사람들이 사용하는 언어도 바뀐다. 농사를 지어 먹고살던 사람이 어느 날 도시로 이주하면서 공장 노동자로 살아간다면 그가 일상적으로 만나는 언어도 바뀐다. 나 역시 같은 경험을 했다.

시골에서 농사를 지으면서 초·중학교를 다녔던 나는 인문계 고등학교에 진학하지 못하고 국비로 운영되는 공업고등학교에 진학했다. 그러자 하루아침에 사용하는 언어가 바뀌었다. 새로운 언어를 익히지 않으면 일상생활은 물론 공부하는 과정이 괴로울 수밖에 없다. 공고에 진학해 새로운 언어를 익히는 과정에서 내 몸에 또 다른 언어적 상처가 남았다. 그 상처는 용접을 하면서 회색빛 청춘을 보낸 아픔의 증표이기도 하다.

그 학교는 한국전력이 운영하는 특성화 공고라서, 전기를 만들고 공급하며 통제하고 조정하는 것과 관련된 언어를 주로 배웠다. 그중에서도 나는 전기용접을 전공으로 선택해 몸으로 용접기술을 익혔다. 전기용접, 가스용접, 슬래그(slag), 스패터(spatter) 같은 용어를 배운 것도 그때였다(슬래그는 용접봉을 녹여 철판을 붙일 때 생기는 찌꺼기 같은 것이고, 스패터는 사방으로 튀는 불꽃이다).

용접 작업에서 용착 부분에 생기는 띠모양의 볼록한 얼룩과 무늬를 비드(bead)라고 한다. 용접이 얼마나 정교하게 잘되었는지를 판단할 때 비드를 살펴본다. 비드는 물고기 비늘처럼 생겼다. 물고기 비늘에 바다가 새겨지고 용접한 자리에 비드가 무늬로 새겨지듯, 사람의 몸에는 그가 경험하면서 배운 언어적 상처가 아로새겨진다.

나에게 '용접'이라는 단어는 '회색빛 청춘'을 담은 상징어다. 그 속에는 청춘을 불사른 아픔의 우주가 담겨 있다. 방황하는 젊음이 품었던 알 수 없는 분노와 어쩔 수 없는 한탄, 하기 싫지만 그럼에도 계속해야 하는 강제적 명령이 담겼다. 아직도 지나가다 용접 가게 간판을 보면 1980년대 초반의 막막했던 하루하루가 떠오른다.

한여름 폭염 속에서 섭씨 3,000도가 넘는 용접기의 열기를 견디는 일은 불가마 속에서 땀을 빼는 사우나와 다를 바 없었다. 반대로 추운 겨울날 맞이하는 열기는 싸늘한 내 몸을 따뜻하게 녹여주는 난로 같았다. 계절에 따라 지옥과 천국을 오가는 정반대의 스펙트럼에서, 용접은 나의 청춘을 불태웠던 뜨거운 원망이자 분노의 상징어다.

용접공의 세계에 불시착한
고시언어

헤르만 헤세는 《데미안》 서문에서 "자신이 되기 전에 깨트려야 하는 큰 기둥에 그어진 첫 칼자국" 이야기를 한다. "내면적이고 본질적인 선을 아무도 보지 못한 이런 체험들로" 칼자국과 균열은 계속해서 늘어나고, "그것들은 치료되고 잊히지만 가장 비밀스러운 방 안에서 살아 있으며 계속 피를 흘린다."는 것이다.[3]

누구나 운명의 칼자국 혹은 방황으로 생긴 균열이 깊은 감정의 골이 되어 몸 어딘가에 숨어 있다. 하지만 회색빛 청춘을 보내던 내가 만난 한 권의 책은, 그 어떤 칼자국보다 강렬했다. 고시 합격 수기집이었는데, 그중 한 편이 공고생이 쓴 것이었다. 그 글은 내 운명의 향방을 흔들어놓았다.

그 길로 나는 좋아하던 술을 끊고 모든 인간관계를 단절했다. 고시합격을 위해 대학에 진학하겠다는 결단을 내렸고, 그때부터 나의 사고체계에는 고시 관련 언어들이 입력되기 시작했다. 그리고 대학입시를 위해 공부해야 하는 수많은 과목을 접하면서 새로운 언어를 익히기 시작했다. 대강 배웠던 국영수는 물론이고 고문(古文)이라는 과목은 그야말로 고문(拷問)처럼 심한 언어적 상처를 남겼다.

전기용접과 발전 관련 언어로 가득 찼던 내 머릿속은 새로운 언어를 받아들이느라 하루하루가 혼돈의 도가니였다. 하지만 고시 합격 후에 펼쳐질 미지의 세계에 대한 기대와 호기심은 상상의 날개를 달고 벌써 하늘을 날고 있었다. 중학교 실력에 미치지 못했던 국영수는 독학으로 새로운 언어를 익히면서 조금씩 나아졌다. 내용을 이해한다는 것은 해당 분야에서 통용되는 언어를 이해한다는 말이다. 상식에 가까운 공통의 언어를 이해하지 못하면 해당 분야에 진입할 수 없을 뿐 아니라 동료들과 소통하기도 어렵다.

우여곡절 끝에 한양대학교 교육공학과에 입학한 사건은 또 한 번 내 인생을 송두리째 바꾸는 계기가 되었다. 또 이전과 전혀 다른 방향으로 운명이 바뀐 것이다. 사실은 법학과에 진학해서 사법고시 공부를 하려고 했지만, 학력고사 점수가 생각보다 낮게 나왔다. 교육 분야 행정고시를 보려고 교육 관련 학과를 찾다가 만난 학과가 바로 교육공학과였다. 공돌이(?)의 언어가 교육 공(工)학과의 '공'을 보는 순간, 말 없는 교감 혹은 포근한 연대를 생각한 듯하다. "때로는 잘못 탄 기차가 올바른 방향으로 우리를 이끌고 간다."는 파울로 코엘료의 말이 생각났다.

학력고사 점수에 맞춰 교육공학과로 진학한 이 운명적인 판단과 선택이 오늘의 나를 만드는 우발적 사건이었다. 진로에 맞는 진학이 아니라 진학 후에 진로를 찾아간 셈이다. 이 사건이 나를 한양대학교 교육공학과 교수의 길로 안내하리라고는 꿈에도 생각하지 못했다. 하지만 나를 교육공학과로 이끌었던 고시병(?)은 복학 후에 다시 한번 흔들렸다. 고시공부는 아무리 해도 진도가 안 나갔고, 이 재미없는 공부를 계속해서 합격한들 내 인생이 과연 행복할까 하는 의문이 들었다.

그리고 어느 날, 나는 달밤에 밖에 나가 고시 공부 책을 쌓아놓고 기름을 붓고 불살라버렸다. 내 인생의 첫 분서갱유 사건이자 내 운명을 바꾼 두 번째 역사적 사건이다. 그 사건 이후로 내 머릿속에 박혀 있던 고시용어, 법률용어가 한꺼번에 빠져나갔다. 대신 그때부터 나는 읽고 싶은 책을 마음껏 읽으면서 인문학적 사유를 기르는 텃밭에 새로운 언어적 상처를 만들기 시작했다.

언어는
생각의 옷이다

고시를 포기한 이후, 나는 머릿속 물갈이를 시작했다. 교육으로 사람의 생각과 행동을 변화시키는 학문에 매진하기로 한 것이다. 사람이 사람을 변화시키는 교육학 분야는 폭넓은 인문사회과학적 접근과 맞물려 있다. 가르치는 사람의 교육방법도 중요하지만, 더욱 중요한 이슈는 배우는 사람의 심리적 자세와 태도, 몰입과 동기다. 나는 배우는 사람의 생각과 행동을 바꾸는 교육적 변화전략에 관한 다양한 생각을 갖게 되었고, 교육과 관련된 언어로 그 생각에 옷을 입히기 시작했다.

서문에서 설명했듯이 '언어는 생각의 옷'이다. 똑같은 생각을 해도 그 생각에 어떤 옷(언어)을 입혀 선보이느냐에 따라 전혀 다르게 다가오기 때문이다. 평범한 생각도 위대한 언어를 만나면 더욱 빛날 수 있고, 똑같은 생각도 어떤 언어로 표현되느냐에 따라 전혀 다른 사유의 무늬가 탄생한다.

고시언어로 지은 나의 사유체계는, 분서갱유 사건 이후 교육의 언어로 바뀌어갔다. 사유의 집을 새로 짓게 된 셈이다. "꿀벌은 밀랍으로 집을 짓고 살지만, 사람은 개념으로 집을 짓고 산다."는 니체의 말처럼, 내가 집을 지을 때 사용하는 개념이 내 생각을 결정하고 조종한다.

　교육학 과목을 공부하면서 내 사유체계도 교육언어로 물들였고, 공부에 재미가 붙기 시작했다. 그러면서 교육을 통해 사람과 세상을 바꾸는 일이 얼마나 가치 있는 일인지를 몸으로 깨닫게 되었다. 비로소 내가 세상을 바라보는 안경이 바뀐 것이다. 용접언어에서 고시언어로 탈바꿈했던 내 머릿속은 이제 교육언어로 물갈이되었고, 나는 교육언어로 지은 집 속에서 사람과 세상을 바꾸는 언어적 사유를 거듭하기 시작했다.

　앎은 상처다. 몰랐던 의미를 깨닫는 순간, 기존의 앎에 생채기가 난다. 앎은 감각과 느낌으로 몸에 직접 전달되기도 하지만, 언어를 매개로 더 구체적인 모습으로 전수되기도 한다. 교육을 비롯해 우리가 경험하는 사회, 경제, 경영, 문화, 예술, 스포츠, 자연, 과학, 기술 등 모든 분야는 저마다의 언어로 깊은 사유체계를 구축하고 특정한 개념으로 자기들만의 고유한 사고방식을 암암리에 주고받는다.

　교육학은 물론 경영학, 철학, 사회학, 인류학 등 인문사회과학적 책을 통독하면서 좁은 시야에 머물렀던 나의 시선은 더 넓어지고 깊어지기 시작했다. 예를 들면 윤석철 교수의 《삶의 정도》⁴를 통해 경영학적 상처를 받았고, 윤노빈의 《신생 철학》⁵을 통해 관념적인 철학자가 날리는 통렬한 피와 땀, 눈물의 철학적 상처를 받았다. 박이문 교수의 《하나만의 선택》⁶과 그 책이 포함된 박이문 인문학 전집을 통해 오로지 공부 그 자체의 의미를 두고 재미있게 공부해가는 철학도의 가슴 뛰는 탐구 여정을 고스란히 맛보았다.

김영민 교수로부터 인문학적 다른 글쓰기의 전형을 배웠고, 신영복 교수로부터 관계가 존재를 결정함을 배웠다. 이것은 나에게 그야말로 언어적 충격이었다. 세상에는 순수하게 독립적으로 존재하는 개체는 없다. 모두가 연결되어 있고 관계가 있다. 모든 존재는 관계 속에서 그 의미와 가치를 지닌다. 언어를 매개로 변화된 놀라운 사유혁명이 아닐 수 없다. 관계라는 언어로 세계관이 새롭게 채색되면서 나는 사람과 세상이 이전과 다르게 보이기 시작했다.

2.

오해하지 않고
이해하는 법

세상을 움직이려면
먼저 나 자신을 움직여야 한다.
소크라테스

사람은 자라온 환경과 하는 일에 따라서 주로 사용하는 언어적 틀이 결정된다. 시골에서 농사를 짓는 사람들의 언어는 주로 사계절 농사일과 관련된다. 공장에서 일하는 사람들의 언어는 그들이 생산하는 제품이나 공정과 긴밀한 연관성을 갖는다. 공부를 업으로 하는 사람은 전공 분야에 따라 주로 사용하는 용어가 다르고, 저마다의 이론체계를 구축하는 독특한 개념어를 갖는다.

한 분야를 깊이 파고들수록 해당 분야의 전문용어에 익숙해진다. 전문가는 전문용어를 사용해 더욱 전문가다운 면모를 갖추려 노력한다. 그런데 문제는 자기 전공에 깊이 빠져 벽에 갇힐수록 다른 분야 전문용어를 이해하기 어렵다는 것이다. 그뿐 아니라 다른 분야에 대한 이해도 떨어지고, 결과적으로 새로운 융합의 가능성도 희박해진다. 다른 분야를 주체적으로 해석해낼 언어적 사유가 불가능해지는 것이다.

자기 관점에서만 해석하려고 들면, 다른 세계를 다르게 볼 기회조차 얻을 수 없다. 우물 안 개구리가 바깥세상의 언어를 모르는 것과 같다. '언어를 주체적으로 해석한다'는 말이 무슨 뜻일까? 몸으로 경험하고 느낀 자신의 감각적 깨달음을 토대로 타인의 언어를 이해하기 위해 노력한다는 뜻이다.

사람은 저마다의 아픔을 견디면서 힘든 삶을 살아간다. 하지만 내가 겪고 있는 아픔을 적확한 언어로 표현하지 않으면 아무도 알아주지 않는다. 나에게 아주 갈급한 문제라면, 그것을 꾸밈 없이 현실에 비추어 호소할 때 사람들은 그 진정성을 알아본다.

그렇다면 이렇게 자기만의 언어를 가지고 세상을 주체적으로 읽어내기 위해서는 어떻게 해야 할까? 가령 책을 읽을 때는 저자가 사용하는 언어에 대해 깊이 생각해봐야 한다. 기존에 내가 알고 있는 언어적 관습이나 타인의 언어와 책 속 저자의 언어가 어떻게 다른지를 곰곰이 따져보는 것이다.

나는 철학자들의 독특한 개념 사용법을 통해 그들이 펼쳐나가는 사유체계를 파고드는 연습을 했다. 그렇게 하지 않았다면 색다른 개념으로 새로운 신념을 쌓아가는 방법을 몰랐을 것이다.

또 사회학자들의 언어를 배우지 못했다면 겉으로 드러나는 사건·사고의 이면에 존재하는, 한 사회를 움직이는 구조적 힘이 무엇인지 이해하기 어려웠을 것이다. 그리고 현장경험이 없었다면 관념적 언어가 가진 치명적인 약점을 이해하지 못했을 것이다. 아마도 여전히 현실을 이해하고 진실을 규명하는 데 별 도움이 되지 않는, 틀에 박힌 언어적 관성에서 벗어나기 힘들었을지 모른다.

남의 사유에 일방적으로 종속되지 않고 자신만의 언어를 가지려면 어떻게 해야 할까? 내 경우를 돌아보면, 나와 다른 세계를 경험하고 다른 생각으로 세상을 다르게 바라보는 무수한 사람들의 언어적 사유에 부단히 접속했다. 그리고 그것이 나의 삶에 미치는 영향과 의미를 주체적으로 재해석해보는 연습도 했다. 작은 실천이지만 진지하게 반복했다.

디지털 방해기술이 발전하면서 인간이 책을 읽고 사색하는 능력이, 저자의 메시지가 무엇인지를 깊이 사유하는 뇌의 기능이 점차 사라지고 있다. 작가가 언어를 힘들게 찾아내는 것도 중요하지만, 독자로서 우리는 그 언어를 각자의 사유체계에 녹여 넣어야 한다. 그래야 자신만의 언어로 자신만의 사유체계를 만들수 있다. 이것이 바로 주체적 해석으로 자기만의 언어적 집짓기를 시작하는 출발점이다.

나만의 주체적인 언어가 있는가?

　성공한 사람, 자기 분야에서 일가(一家)를 이룬 사람, 어떤 경지에 오른 사람, 남다르게 살아가는 사람은 어떤 공통점이 있을까? 그들은 '그 사람다움'이 분명하다.

　언어는 자기 정체성을 드러내는 상징이다. 그가 누구인지를 아는 방법은 여러 가지가 있겠지만 그중에서 가장 쉽고 정확한 방법이 언어로 판별하는 것이다. '그 사람다움'은 어디서 드러나는 것일까? 각자의 다름과 차이를 드러내는 방법 역시 여러 가지겠지만, 뭔가 다른 사람은 뭔가 다른 언어를 사용한다. 그는 바로 자기 생각을 자기만의 방식으로, 자기만의 언어로 표현하기 때문이다.

　'자기만의 언어'라고 해서 자기만 알아들을 수 있는 특이한 언어를 쓴다는 의미는 물론 아니다. 다른 사람에게는 쉽게 찾아볼 수 없으면서도 그만의 독특한 컬러와 스타일을 담는 언어가 바로 '자기언어'다. 자기언어는 곧 정체성이다. 자기언어를 가진 사람은 다른 사람의 말을 듣거나 책을 읽고 나서도 자기만의 방식으로 생각하고 재해석한다.

그렇다면 자기언어는 어떻게 생겨날까? 남의 언어를 그대로 차용한다고 생기는 것은 아니다. 자신이 하는 일을 어떻게 하면 색다르게 드러낼지 오랫동안 고심하는 가운데, 그 일의 고유한 특성을 담은 언어가 떠오르고 그것이 문장 속으로 녹아든다.

예를 들어 한양대 정재찬 교수는 '일'을 표현하는 방법에 대한 기발한 관점을 제시했다. 수학자라면 "무슨 일 하십니까?"라는 질문에 "I study mathematics(저는 수학을 공부합니다)."라고 할 것이다. 그런데 학생들에게 시를 가르치는 정 교수는 자신의 일이 "I teach my student poetry(저는 학생들에게 시를 가르칩니다)." 이고, 이것은 결국 "간접 목적어인 학생들이 직접 목적어인 시를 좋아하게 하기 위해" 끊임없이 고뇌하고 연구하는 일이다. 그러한 생각 끝에, 정 교수는 "가르치는 사람이 하는 일은, 간접 목적어가 직접 목적어를 좋아하게 하는 일"이라는 점을 깨달았다. 업(業)의 정의를 자기만의 언어로 기발하게 내린 것이다.

자기언어를 갖고 언제나 남다르게 생각하는 사람은, '관성'이 아니라 '관심'을 갖는다. 언제나 자신이 하는 일을 다르게 해보려고 노력한다. 똑같은 일을 반복해도 그 일이 갖는 의미와 가치를 원점에서 물어보고 또 물어본다. 관심을 갖고 질문하는 사람은 세상을 대할 때도 주체적인 의지를 갖는다. 낡은 생각을 날조하기보다 익은 생각을 어떻게 하면 색다르게 창조할 수 있을지를 고뇌한다.

이처럼 자기언어를 가진 사람은 습관적으로 진부한 언어가 튀어나오는 순간을 가장 경계한다. 거의 반사적으로 나오는 언어적 관성에 발목 잡히면 낯선 사유는 불가능해진다. 진부한 언어는 진부한 생각을 낳고, 언어가 틀에 박히면 사고도 틀에 박히기 때문이다. 돋보이는 사람은 똑같은 것을 봐도 색다르게 표현한다. 그러기 위해서는 일상에서 늘 만나는 사물이나 현상에 대해 집요하게 묻고 관찰해야 한다. 질문하고 관찰하지 않으면 다른 생각, 새로운 생각을 할 수가 없고, 결국 또다시 틀에 박힌 언어만 습관적으로 튀어나올 뿐이다.

세상을 다르게 바라보는 사람은 언어도 남다르다. 똑같이 대추 한 알을 보고도 시인은 그냥 지나치지 않는다. 대추가 왜 빨개졌을까? 평범한 사람은 '때가 되었기 때문'이라고 생각한다. 하지만 장석주 시인은 다른 눈으로 다르게 보았다. 대추가 저절로 빨개질 리 없으며, 그 안에 태풍과 천둥과 벼락이 들어 있다는 것이 '대추 한 알'이라는 유명한 시다.

평범한 사람들의 언어는, '대추는 가을이 되면 저절로 빨개진다'는 틀에 박힌 것뿐이다. 하지만 시인은 빨간 대추를 시인의 눈과 마음으로 관찰하면서 그 원인이나 연유를 캐물었을 것이다. 집요하게 물고 늘어지며 대추와 대화를 나누었을 것이고, 비로소 대추가 빨개진 원인을 찾았다. 태풍, 천둥, 번개에 놀라 빨개졌다는 자기만의 언어로 시 구절을 완성한 것이다.

마찬가지로 김소연 시인은 《한 글자 사전》에서 '국'이라는 글자를 자신의 사연을 담아 해석했다.[7] 국을 즐겨 드시던 아버지가 돌아가시자 밥상에서 국도 함께 없어진 슬픈 사연을 안으로 삭혀 시어를 만들어냈다. 이 역시 일상에서 흔히 만나는 언어적 관성에서 벗어나 남다른 관심으로 관찰한 결과 얻은 '자기만의 언어'다.

나만의 언어를 창조하는 방법은 뭘까? 일단 같은 언어도 남들과 다르게 사용할 때 가능해진다. 똑같은 '한국어'를 쓰는데 왜 어떤 사람의 언어는 색달라 보일까? 자기 생각을 표현할 때 사용하는 언어가 색다르기 때문이다. 예를 들어 '어도락가(語道樂家)'라는 이름은 신견식 번역가의 브랜드네임이다. 《언어의 우주에서 유쾌하게 항해하는 법》의 저자이기도 한 신 작가는 자기만의 언어로 자기 자신을 해석하고 표현했다.[8] 이처럼 자신의 정체성도 주체적으로 해석해 표현할 수 있는데, 보통 사람들이 그렇게 하지 못하는 이유는 자기만의 언어가 부실하기 때문이다.

정 교수는 "가르치는 사람이 하는 일은, 간접 목적어가 직접 목적어를 좋아하게 하는 일"
이라는 점을 깨달았다. 업(業)의 정의를 자기만의 언어로 기발하게 내린 것이다.
자기언어를 갖고 언제나 남다르게 생각하는 사람은, '관성'이 아니라 '관심'을 갖는다.
언제나 자신이 하는 일을 다르게 시도해보려고 노력한다. 똑같은 일을 반복해도
그 일이 갖는 의미와 가치를 원점에서 물어보고 또 물어본다. 낡은 생각을 날조하기보다
익은 생각을 어떻게 하면 색다르게 창조할 수 있을지를 고뇌한다.

자기 언어를 가질 때 비로소 자기 세계가 열린다. 다른 사람의 언어를 빌려 쓰면 내 생각도 타자의 생각에 종속되거나 기생(寄生)한다. 말 역시 체험적 각성과 고뇌 끝에 선택한 언어로 표현하지 않고 늘 쓰던 방식대로, 습관적으로 던진다. 또 남들이 자주 쓰는 언어를 무의식적으로 따라 사용한다. 그럴수록 우리는 더 이상 우리 자신이 아니다. '나다움'이 점점 흐릿해진 채 다른 사람의 생각과 언어에 종속된 채 산다. 자신의 삶을 설명할 언어가 없으니 남의 언어에 기대어 자기 삶을 드러낼 수밖에 없는 것이다.

> "모든 편견은
> 내장에서 나온다."

자기 자신을 '교수'라고 주장하는 사람과 '지식생태학자'라고 주장하는 사람은 어떤 차이가 있을까? 교수라는 직업에 언어적 사유가 시작되면 연구실에서 진지하게 뭔가를 깊이 파고드는 탐구활동이 연상되고, 강의장에서 학생들에게 전공 분야 연구결과를 전문용어로 설명하고 설득하는 장면이 떠오른다. 교수라는 직업명으로 정체성을 드러내는 방법도 있지만, 나는 평범한 교수가 아닌 비범한 지식생태학자로 나의 정체성을 정의하고 표현하기로 했다.

지난 코로나19 위기도 결국 인간의 무자비한 개발과 그로 인한 생태계 파괴가 부메랑으로 돌아온 참사가 아닌가? 자연생태계와 생명체가 겪고 있는 이 모든 아픔의 원인 역시 인간과 자본주의가 함께 만들어낸 '효율과 소비 패러다임'이 빚은 참사가 아닌가? 이런 시기일수록 생태계가 겪고 있는 아픔을 나의 아픔처럼 공감하고, 그것이 어떤 연결고리로 무한 반복되는지에 대해 상상력을 발휘해야 한다. 그러한 분석과 성찰의 과정에는 '생태학적' 감수성과 상상력이 필요하다.

생태학적 언어와 철학이 없으면 다양한 생명체들이 생태계를 이루며 살아가는 역동적인 방식을 이해할 수 없다. 철학적 개념이 부족하면 복잡한 현실을 꿰뚫는 추상적 사유가 불가능하다. 인문학적 언어가 부족하면 사람의 아픔을 읽어낼 수 있는 감수성이나 공감능력이 떨어진다.

다른 생각은 다른 언어를 매개로 생성되고 표현된다. 익숙한 언어사용에서 벗어나 다른 분야의 낯선 언어를 사용하면 낯선 사고가 잉태되기 시작한다. 그런 의미에서 내가 주창한 '지식생태학적' 언어는 생태학적 감수성으로 생명체의 아픔을 치유하는 사고과정을 촉진시킨다. 그리고 생태학적 감수성으로 생명체의 아픔을 치유하고 보이지 않는 순환고리를 파헤치려면, 생태학적 상상력을 키워주는 언어가 필요하다.

"벚꽃의 꽃말은 중간고사래."

표현은 언어를 매개로 이루어진다. 언어가 깊지 않으면 사고도 깊지 않다. 다른 사람에게 영감을 주는 말도 할 수 없다. 위의 문장은 어느 여고생이 SNS에 남긴 말이다. 수많은 사람이 벚꽃구경을 했을 것이다. 매년 봄에 만나는 벚꽃이지만 한 여고생은 벚꽃이 만발해도 그 아름다운 순간을 즐길 수 없다. 중간고사라는 현실 때문이다. 그 여학생에게 '벚꽃'이라는 단어는 잔잔한 울림으로 뇌리를 맴돌다가 중간고사와 연결되는 순간 아픔의 언어로 번역된다.

"모든 편견은 내장에서 나온다."는 니체의 《이 사람을 보라》[9]에 나오는 말이다. 편견(偏見)과 내장을 연결시킨 신선한 생각이다. 편견은 편파적 의견(疑見)이다. 니체는 편견을 관념적으로 정의하지 않았다. 오랫동안 앉아서 비슷한 생각을 끝없이 반복하느라 꼬인 내장에서 편견이 나온다고 생각한 것이다. 그러한 발상 자체가 색다르지 않은가? 남들과 똑같이 정의하지 않고 자기만의 방식, 자기만의 언어로 표현했다. 편견에 대한 탁월한 식견을 신선한 언어로 표현한 사례다.

　다른 사람의 관심을 받고 싶은가? 그렇다면 남다른 관심과 애정으로 내 생각을 이전과 다르게 표현해야 한다. 식상한 표현은 식상한 사고의 방증이다. 자기만의 언어는 언어를 새롭게 창조하는 데서 나오는 게 아니다. 똑같은 언어라도 새로운 의미를 부여해서 색다르게 사용하는 데서 드러난다. 세상의 통념을 통렬하게 비틀거나 기대를 깨부수는 표현, 의외적이고 기발한 표현은 듣는 이에게 정수리에 대침 하나가 딱 꽂히는 듯한 짜릿함을 준다.

　글도 마찬가지다. 나만의 언어로 써야만 나의 정체성이 잘 드러나는 나다운 글이 된다. 결국 '나다움'이란, 나의 체험을 나의 생각으로 해석하고, 나의 언어로 번역하는 과정에서 나온다. 놀랍게도 나의 언어로 쓴 글은 가장 나다운 길로 안내해주는 나침반이자 등대다. 글쓰기는 살아온 삶을 농축하기도 하지만, 앞으로 살아갈 삶을 인도하고 안내하기도 한다.

3.

깊이 읽어야
생각도
깊어진다

저자의 지혜가 끝나는 곳에서
우리의 깨달음이 시작된다. 그것이 독서다.

장 그르니에

남의 책을 안 읽는 것도 문제지만, 남의 책만 읽는 것도 문제다. 우리가 책을 읽는 목적은 나와 다른 생각을 하면서 살아가는 사람의 낯선 사유체계에 접속하기 위해서다. 때문에 책을 읽을 때는 의도적으로 시간을 내어 '깊이 읽어야' 한다. 깊이 읽기란, 개념을 곱씹고 문장의 의미를 해석하며 자기 나름의 생각과 주장을 가져야 한다는 뜻이다. 그렇게 꼭꼭 씹어 소화하고 흡수하는 시간을 갖지 않으면, 줄거리는 파악할지 몰라도 내 생각을 색다르게 표현하는 능력은 생기지 않는다.

자신의 경험만 옳다고 믿는 사람들이 간혹 있다. 그러한 어리석음과 오만함이 얼마나 부끄러운 일인지를 모르고 말이다. '내 생각은 이런데, 그것이 틀릴 수 있구나' 하는 자극을 받아야만 자신의 일천한 경험의 틀에서 빠져나올 수 있고, 그래야만 내 경험의 깊이와 너비를 능가하는 확장된 관점을 가질 수 있다. 우리는 그래서 책을 읽는다. 내가 직접 모든 걸 경험할 수 없으니 나와 다른 세계에 사는 사람의 체험적 깨달음을 얻기 위해서 말이다.

사람은 어떤 것을 경험하면 그에 대한 자기만의 생각이 생긴다. 그렇게 자리 잡은 생각은 쉽게 바뀌지 않는데, 그것을 바꾸려면 또 다른 새로운 경험을 해야 한다. 즉 경험이 바뀌지 않으면 기존의 생각을 바꿀 수 없다는 말이다. 그런데 문제가 있다. 다른 사람의 책(간접경험)을 기준으로 내 생각을 재단하면, 내 사고는 언제나 남의 사고에 종속될 수밖에 없다.

그러므로 책을 읽되 나의 지식과 경험에 비추어 다시 한번 그 의미를 해석하는 연습을 해야 한다. 저자의 생각에 수동적으로 따라가기만 할 것이 아니라, 그것이 내 삶에 던져주는 의미와 시사점이 무엇인지를 계속 생각해야 한다.

그러려면 책에 몰입하되 읽으면서 수시로 빠져나와야 한다. 저자의 메시지가 무엇인지, 무엇을 주장하려는 것인지 멀리서 다시 한번 조명해야 한다. 그렇게 줌인, 줌아웃을 반복하지 않으면 나는 타인의 생각 속으로 그저 빨려 들어가기만 할 뿐 주체적인 사고를 할 수 없다.

지성의
폐활량

)

책이라는 것은 딱 내가 살아온 삶만큼만 읽힌다. 내 그릇만큼만 해석할 수 있다는 뜻이다. 내 경험을 능가하는 책은 읽을 수도 없고 쓸 수는 더더욱 없다. 내가 살아오면서 고뇌했던 삶의 화두를 책에서 발견했을 때, 나와 비슷한 경험에서 타인이 얻은 깨달음이나 각성의 흔적을 읽었을 때, 우리는 깊이 공감하고 감동을 느낀다. 그와 함께 적확한 언어 사용법을 배우기도 한다.

'거리의 사상가'로 불리는 일본 철학자 우치다 타츠루의 《우치다 선생이 읽는 법》[10]이라는 책에 보면 '지성의 폐활량'이라는 새로운 개념이 등장한다. 저자가 말하는 '지성의 폐활량'이란 복잡한 문제를 만나면 단순화시켜 빠르게 해결방안을 제시하려는 촉급한 욕망을 거둬들이고, 복잡한 상태를 그대로 유지하면서 꼬인 실타래를 풀듯이 하나씩 해결해나가는 과정에서 단련되는 '지적 인내심'이다.

사람은 복잡한 문제를 만나면 자신의 체험적 지식이나 관점으로 쉽게 단순화시켜 해결방안을 제시하려는 본능이 있다. 예를 들면, 코로나19가 생각보다 길어졌고, 우리 일상이 심각하게 무너졌다. 이 문제를 해결하기 위해 각 분야 전문가가 나타나 코로나19 이후의 세계를 예측하고 저마다 바람직한 삶의 자세나 태도를 제시한다. 물론 일리 있는 이야기도 있겠지만 자기 전문 영역에서만 바라본 지나치게 편협한 시각일 수도 있다. 그러니 우리가 전문가들의 조언이나 예측을 받아들일 때는 이러한 한계나 위험성도 함께 고려해야 한다.

책을 읽을 때도 마찬가지다. 저자는 의도적으로 구상한 의미의 흐름과 구조를 통해 독자에게 화두를 던진다. 그것이 나에게 주는 시사점이 무엇인지를 주체적으로 해석하기 위해서는, 그 화두를 끈질기게 물고 늘어져야 한다. '복잡한 문제라도 그것을 있는 그대로, 날 것으로 이해해보려는' 지적 인내심을 발휘해야 한다. 너무 쉽게 단정하고 해석했다가 위험한 생각과 행동을 불러올 수 있기 때문이다.

'지성의 폐활량'을 기르기 위해서는 어떻게 해야 할까? 한 권의 책을 깊이 읽고, 그 책의 주장이나 메시지를 끈질기게 물고 늘어져야 한다. 너무 쉽게 공감하거나 동의해서는 안 된다. 마치 저자의 메시지가 세상 유일무이한 대안인 것처럼 판단해서도 안된다. 이 주장이 옳은가, 저자가 간과한 것은 없는가, 다른 각도로 봐도 맞는가, 다른 입장에서도 적절한가, 다른 대안은 정말 없는가…, 이처럼 다각적으로 질문하고 대입하면서 저자와 끊임없이 머릿속에서 묻고 답해야 한다. 그러한 생각의 과정을 이어갈 때 지적 인내심도 생기고, 꼬였던 매듭이 하나둘 풀린다. 자연스럽게 지성의 폐활량도 향상된다.

새로운 문제는
새로운 언어로 해결된다

)

살아 있는 모든 생명체는 저마다의 아픔을 먹고 자란다. 말 못할 사연도 있고, 말해봐야 남들이 이해하지 못하는 사연도 있다. 하지만 사연 속에 숨어 있는 당사자의 사유를 주체적으로 해석해내기 위해서는 잠시 내가 그의 입장이 되어 역지사지로 생각해봐야 한다.

나의 경험과 지식으로는 이해할 수 없는 일이라고, 타자의 아픈 사연 속에 숨은 사유를 나의 사유체계로 일방적으로 재단하거나 평가해서는 안 된다. 그가 겪은 아픔을 완전히 똑같이 경험할 수는 없겠지만, 적어도 그 상황으로 들어가 보고, 아픔이 내 몸을 관통하는 것을 느낄 때 (비록 완벽하지는 않지만) 당사자의 아픔에 조금이나마 수긍할 것이다.

'주체적 해석능력'은 바로 이런 것이다. 지금의 내 능력으로 이해하기 어려운 상황에 직면했을 때, 먼저 내가 가진 지식만으로 해석하려는 어리석음을 버려야 한다. 내가 가진 기존의 지식이라는 것은 대부분 얄팍하고 편협하게 마련이다. 적극적으로 다른 사람의 사유체계에 접속해야만, 이전과 다르게 생각하는 방식을 수혈받을 수 있다. 그러면 그 새로운 방식을 내가 직면한 문제상황에 적용해볼 수 있고, 그러한 실천과 경험이 배움을 확장시킨다.

주어진 문제나 상황이 이해되지 않을 때, 계획에 없던 일이나 생각지도 못한 일이 벌어질 때가 있다. 그런 경우 정상적인 방법으로는 돌파할 수가 없다. 한 번도 경험해보지 못한 낯선 상황이기 때문이다. 당연히 내 지능이나 지식만으로는 마땅한 해결책이 떠오르지 않는다. 이처럼 기존의 사유체계로는 탈출이나 극복이 불가능할 때, 우리는 어떻게 해야 할까?

익숙한 문제가 반복된다면 기존의 지식만으로도 충분히 해결할 수 있다. 하지만 한 번도 경험해보지 못한 전대미문의 상황에서는 불가능하다. 이전과 전혀 다른 사유를 해야만 한다. 이것이바로 지식이나 지능을 뛰어넘는 '지성적 사유'다.

가장 먼저 부딪히는 심각한 문제는, 기존 언어로는 주어진 난국을 적확하게 묘사할 수 없다는 것이다. 언어가 부족하기 때문이다. 기존 언어로는 설명할 수도, 해석할 수도 없는 딜레마 상황인 것이다. 이럴 때 사람은 이전과 다른 언어를 창조하거나 기존 언어를 다른 방식으로 의미부여해 문제와 상황을 색다르게 재정의한다. 그렇게 하지 않고는 해결은커녕 문제가 벌어진 상황에서 한 발자국도 앞으로 나아갈 수 없기 때문이다.

언어를 새롭게 창조하거나 기존 언어를 재정의해야 한다. 그래야만 문제를 정의할 수 있고, 이제까지 세상에 없던 대안도 떠올릴 수 있다. 주어진 문제나 현상의 본질을 적확한 언어로 기술하고, 설명하며, 이해하는 것, 이것이 바로 '주체적으로 해석한다'의 의미다.

뇌에 '지성적 읽기 회로'를 만드는 법

지능을 능가하는 지성, 지식을 뛰어넘은 지혜는 어떻게 하면 얻어질까? 가장 쉬운 방법은 '깊이 읽기'다. 겉껍질만 훑어 읽는 습관을 버려야 한다. 지능을 넘어서는 지성은, 본능적 습관에서 벗어나 낯설고 불편한 상황과 마주쳐야만 생겨난다. 대충 훑어보는 식으로 책을 읽으면, 저자가 어떤 고민과 문제의식을 가졌는지, 왜 이런 문장과 단어를 썼는지 등 활자 뒤에 숨은 의도와 목적을 읽어낼 수가 없다.

겉으로 보이지 않는 이면의 세계로 파고들어 다각적으로 질문하면서 저자가 숨겨 놓은 의미의 동굴로 들어갈 때, 비로소 '지성'이 생긴다. 습관적으로, 피상적으로만 읽으면 이전과 다른 '지성적 읽기 회로'가 만들어지지 않는다. 깊이 읽기를 진지하게 반복하는 사람만이 과거에 없었던 뇌 속 '읽기 회로'와 '지적 청사진'을 만들어낼 수 있다.

'읽기 회로'는 단지 비유적인 표현만이 아니다. 《다시, 책으로》를 쓴 매리언 울프에 따르면 책을 읽으며 깊이 생각하는 시간을 자주 갖는 사람의 뇌는, 실제로 '읽기 회로'를 만든다고 한다.[11] 우리 뇌는 스스로 신경 회로를 바꾸는 능력이 있는데, 이를 '신경가소성(neuroplasticity)'이라고 부른다. 성장과 재조직, 외부환경의 양상에 따라 뇌가 스스로 구조와 기능을 변화시킬 수 있다는 것이다. 덕분에 '깊이 읽기'를 자주 하면 기존의 미약했던 읽기 시냅스가 활성화된다. 이것은 뇌과학자들의 공통된 연구결과다. 그러니 깊이 읽지 않으면 안 읽은 것만 못하다. 깊이 읽어야 사유의 샘물도 깊어진다. 지표면만 긁는 정도로는 아무 흔적도 남지 않는다.

하지만 디지털 미디어나 소셜 미디어가 발달하고 이들이 우리의 일상과 긴밀하게 연결되면서 인간에게 던져주는 정보가 너무 많아졌다. 그러다 보니 인간은 늘 '주의과잉' 또는 '지속적인 부분적 주의(continuous partial attention)' 상태라 이미 인지적 과부하에 걸려 있다. 당연히 산만하고 집중하지 못한다. 이 디지털 방해기술 때문에 인간은 침묵과 고독 속에서 정적을 유지하지 못하고 깊이 있는 사유도 불가능해졌다.

현대인은 복잡한 정보를 선별하고 단순화시켜 더 많은 정보를 더 빨리 처리하는 데는 유능해졌지만, 삶에 대해 깊이 사색하고 통찰하는 중요한 능력은 잃은 듯하다. 또 긴 문장을 참고 견디면서 읽어내는 지적 인내심도 현격하게 떨어졌다. 그러다 보니 훑어보고 건너뛰며 대충 읽는, 그런 얕은 독서만 하고 있다. 앞에서도 강조했듯이, 그런 얕은 독서로는 개념 속에 담긴 저자의 신념이나 특별한 의도를 파악하지 못한다. 중요한 문장에 담긴 핵심 메시지도 간파하지 못하고 그냥 넘어간다.

그렇다면 깊이 읽기는 어디서부터 어떻게 시작해야 할까? 몇 가지 방법을 알아보자.

연결시켜 생각하는 '깊이 읽기'

'일타강사'가 핵심과 요점, 급소와 정수를 알려주는 강의가 인기다. 하지만 그런 강의는 아무리 많이 들어도, 그 지식이 온전히 내 것이 되지는 않는다. 내가 힘들여 만들어낸 공부의 산물이 아니기 때문이다. 깊이 읽고, 그 의미를 숙고한 다음, 나만의 방식으로 정리하는 연습이 필요하다. 덧붙여 내가 읽은 내용을 구조화시켜서 나만의 지식을 창조하는 방법을 부단히 개발해야 한다.

그러한 노력이 없으면 읽었어도 안 읽은 만 못하다. 아무리 많은 책을 읽어도 언어능력이 향상되지 않는다. 밑줄 치고, 메모하고, 다시 그걸 엮어서 나만의 방식으로 정리하는 훈련을 반복해야만 뇌는 읽기 근육을 만든다. 예를 들어, 고전을 유튜브 강의로 본 사람과 직접 통독한 다음 자기만의 방식으로 정리한 사람이 있다면, 두 사람의 사고력이 같을까? 천양지차로 다르다. 후자는 책 내용 전체를 자신만의 방식으로 구조화시키고 도해로 그려보았기 때문이다.

책을 읽고 나만의 방식으로 정리하는 방법에는 크게 4가지가 있다. 첫 번째는 책에 나오는 개념들을 1장의 그림으로 그려보는 것이다. 책을 읽으면서 처음 만난 개념이나 어디서 본 듯하지만 기억나지 않는 개념, 그리고 저자의 핵심 메시지가 농축된 개념, 문제의식을 담기 위해 저자가 새롭게 창조한 개념은 밑줄을 치고 책의 상단에 적어 놓는다. 책을 다 읽은 다음 이렇게 기록해둔 개념들을 한데 모아서 워드로 쳐 놓은 다음 이들 간의 논리적 관계를 따져보고 여러 가지 방식으로 연결시켜 1장의 그림으로 그려본다. 그리고 도해된 개념 간의 관계를 글로 써본다.

'깊이 읽기'란 결국 지금 읽고 있는 책의 핵심개념과 원리, 저자의 주장에 대해 비슷하거나 상반되는 개념들을 연결해보며 읽는 것이다. 알고 있는 지식을 저자의 지식과 연결해보고, 그걸 통해 내가 새롭게 깨닫거나 느낀 점을 찾아본다. 그러한 사유의 확장 과정에서 '내 삶을 어떻게 변화시킬 수 있을까'를 끊임없이 생각해보는 것, 이것이 바로 깊이 읽기의 핵심이다.

예를 들면 나는 손철주, 이주은의 《다, 그림이다》[12]를 읽다가 유혹의 점층적 단계에 대한 내용을 만났다. 저자들이 제시한 '끌림-쏠림-꼴림-홀림'의 순으로 이어지는 개념을 보고, 나는 유혹의 단계를 다시 한번 생각해본다. 끌림이 있기 전에는 '뿌림'이 있어야 하고, '홀림'의 다음 단계로 세상을 향한 '울림'과 '무림'을 배치해보는 건 어떨까? 씨앗 단계를 '뿌림', 줄기와 가지와 잎의 단계는 '끌림-쏠림-꼴림-홀림', 꽃을 피우고 열매를 맺으며 사회적으로 확산하는 단계를 '열림-무림'의 단계로 구조화시켜 한 장으로 그려보았다.

씨앗을 뿌리면 줄기와 가지, 잎이 난다. 이걸 본 사람들은 끌리고 쏠리고 꼴려서 홀린다. 한 사람에게 몰입하는 과정이다. 이어서 꽃과 열매를 맺으면서 세상 사람에게 감동적인 울림을 주면 무림의 지존 단계에 등극하는 것이다.

이처럼 책에서 만난 개념 간의 관계를 나만의 방식으로 정리해보고, 거기에 몇 가지 개념을 추가하거나 빼서 한 장의 그림으

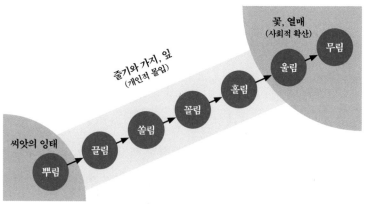

〔그림01〕 유혹의 점층적 단계

로 그려본다. 이런 연습을 하면 책의 핵심 메시지가 한눈에 보인다. 구조적으로 정리가 된다는 뜻이다. 그뿐 아니라 나중에 이 그림을 다시 보면 그 내용이 쉽게 떠오른다. 평면적 정보가 입체적 지식으로 태어나고, 모래알 같은 개별적 정보가 구조적으로 엮이면서 개념 간에 새로운 관계가 맺어졌다. 결국 새로운 지식은 이러한 '개념들의 색다른 관계 맺음'을 통해 탄생하는 것이다.

한마디로 깊이 읽기는 다른 사람이 사용하는 개념에 자신의 생각을 반영해 또 다른 개념으로 재창조하는 활동이다. 그러한 활동을 할 때 독서는 지식을 창조하는 적극적 행위로 거듭난다.

읽기는 결국
쓰기로 완성된다

두 번째 깊이 읽기 방법은 저자의 입장이 되어보는 것이다. 저자가 전하려는 메시지를 뽑아낸 다음, 그가 과연 어떤 문제의식과 사연, 배경을 가졌기에 이런 주장을 하는지 추적하고 체험해보는 것이다. "저자는 무슨 근거로 그런 주장을 펼친 것일까? 내가 만약 저자의 입장이라면 어떻게 생각했을까?" 등을 자문해보면서 내 입장을 정리해보는 방법이다.

"저자의 지혜가 끝나는 곳에서 우리의 깨달음이 시작된다. 그 것이 독서다."라고 장 그르니에는 말하지 않았던가. 책을 읽기 전에 저자의 문제의식이나 책을 쓰게 된 사연과 배경을 먼저 읽 어보면, 저자가 왜 이런 주장으로 이 책의 핵심 메시지를 끌고 가 는지 알 수 있다.

예를 들면 졸저 《브리꼴레르》 1부에 "우리가 아는 모든 전문 가는 전문가가 아니다!"라는 주장이 나온다.[13] 저자는 왜 이렇게 말했을까? 어떤 사연과 배경이 숨어 있는 것일까? 저자는 그동 안 만났던 수많은 전문가가 한 우물만 판 탓에 (전공 분야에는 깊이 가 있지만) 전공 외의 다른 분야는 열린 마음으로 이해하거나 소 통하려 하지 않는다고 한다. 전문가랍시고 자기 것만 주장하는 외골수 기질을 가졌다는 지적이다. 그래서 저자는 우리 사회의 전문가를 '멍 때리는 전문가', '답답한 전문가', '골 때리는 전문가', '재수 없는 전문가'로 분류하고 '전문가의 위기'가 무엇인지 실상 을 밝혔다.

이런 저자의 주장을 읽고, 이상적인 전문가상을 왜 '브리꼴레 르'라고 제시했는지, 브리꼴레르가 어떻게 전문가의 위기를 극 복할 수 있는지를 질문하며 읽어야 한다. 그런 질문을 가지고 책 을 읽으면 책 전체가 주장하는 핵심 메시지를 간파할 수 있다.

그뿐 아니라 왜 이렇게 어렵고 낯선 단어(브리꼴레르)를 제목으로 선정했는지도 이해가 될 것이다.

질문을 던지고 역지사지 자세로 생각해본 다음, 저자의 주장에 공감한 부분과 그렇지 않은 부분을 가려내고, 끊임없이 꼬리에 꼬리를 무는 탐문형 독서가 결국은 깊이 읽기의 전형인 셈이다.

세 번째 방식은 타이핑하며 읽기다. 특별히 공감되는 문장, 내 생각과 배치되는 주장에 밑줄을 친 다음 책을 다 읽고 나서 그 문장을 모조리 순서대로 타이핑한다. 이어서 타이핑한 문장을 중심으로 책을 다 읽고 느낀 점을 추가하면서 독후감을 쓴다.

놀라운 사실은, 한 문장을 쓰면 연상작용이 일어나 다음 문장이 떠오른다. 그렇게 말이 되든 안 되든 무조건 생각나는 대로 글을 쓴 다음 나중에 논리적 구조와 흐름을 조정하고 수정하면 된다.

독서는 읽기만 하는 데서 끝나지 않고 쓰기까지 이어질 때 비로소 완성된다. 책을 다 읽고 난 다음 자신이 느낀 점을 바탕으로 독서일기나 에세이를 써보는 것이다. 쓰기를 목적으로 책을 읽는 사람과 그냥 읽는 사람은 출발부터 다르다. 쓰기라는 목적을 가진 사람은, 한 문장도 허투루 보지 않는다. 낯선 개념도 그냥 넘어가지 않는다. 나에게 익숙한 개념을 저자는 어떻게 다르게 사용하는지 비교해보고, 혹여 다른 저자의 다른 주장이 있다면 그것은 어떤 근거로 펼쳐지는지 확인한다.

글쓰기는 발상이 아니라 연상이다. 글이 안 써지는 이유는 글쓸 재료가 없기 때문이다. 책을 읽고 밑줄 친 '인두 같은 한 문장'이 다른 문장을 불러와 연결되고, 그 사이에 나의 체험적 깨달음이 녹아들다 보면 어느새 나는 또 한 권의 책을 쓰는 느낌이 든다. 책 리뷰를 쓰면서 저자의 핵심 메시지를 뽑은 다음, 그것들 간의 관계를 그림 1장으로 도해하면 나중에 책을 다시 보고 참고할 때도 큰 도움이 된다.

특히 종이책으로 깊이 읽기를 반복하면 단순히 책을 읽는 데서 끝나지 않는다. 끊임없는 반성과 성찰의 계기가 된다. 책을 읽으며 떠오른 생각들을 여백에 메모하고, 줄과 줄 사이에 내 생각도 밀어 넣어본다. 그러면서 끊임없이 기존 생각과 새로운 생각을 접속시켜본다. 그러한 연습이야말로 나의 사유를 비약적으로 발전시키는 효과적인 공부다.

눈으로 읽고, 머리로 생각하며, 가슴으로 느낀 것이 있다면 그냥 흘러가게 놔두어서는 안 된다. 잊어버리기 전에 붙잡아 메모해두고, 마음에 드는 한 문장은 손글씨로 베껴 써보는 것도 좋다. 쓰레기 같은 정보만 둥둥 떠다니는 인터넷 바다에서는 상상도 할 수 없는 사유연습이다.

나 역시 수많은 문장 중에서 내 마음에 꽂혔던 문장을 '비밀 문장노트'에 손글씨로 적어둔다. 저자의 숨결을 따라가듯 손으로 베껴 쓰면 그 문장이 오랫동안 기억에 남는다. 그냥 눈으로 읽고 끝나는 독서가 아니다. 쓰면서 저자가 동원한 개념을 다시 살피고, 그 개념들을 어떤 방식으로 엮어 문장을 건축했는지 따져본다. 그런 과정이 모두 내 생각을 발전시키는 디딤돌이 되는 것이다.

마지막으로 책을 다 읽고 나서 이 책의 핵심 메시지가 나에게 주는 시사점이 무엇인지를 생각해보고, 내 삶을 변화시키기 위한 적용방법을 고민한다. 읽고 감동받고 끝내는 것이 아니라 내 삶에 적용할 구체적인 실천방법을 구상하는 것이다. 그리고 실제로 적용해본다. 그래서 내 삶이 어떻게 변화했는지, 생각만큼 실천이 어렵거나 변화되지 않았다면 그 원인은 무엇인지를 다시 생각해본다.

독서의 완성은 책의 마지막 장을 넘길 때가 아니다. 책을 읽고 느낀 점을 토대로 리뷰를 써보고, 저자의 메시지를 주체적으로 재해석해 실제 내 삶에 적용할 때다. 그래서 진짜 독서는 몸으로 읽는 체독(體讀)이다. 이런 점에서 "모든 독자는 자기가 읽은 책의 저자"라고 했던 알랭 드 보통의 말은 의미심장하다.

독서는 읽기만 하는 데서 끝나지 않고 쓰기까지 이어질 때 비로소 완성된다.
책을 다 읽고 난 다음 자신이 느낀 점을 바탕으로 독서일기나 에세이를 써보는 것이다.
쓰기를 목적으로 책을 읽는 사람과 그냥 읽는 사람은 출발부터 다르다. 쓰기라는
목적을 가진 사람은, 한 문장도 허투루 보지 않는다. 낯선 개념도 그냥 넘어가지 않는다.
나에게 익숙한 개념을 저자는 어떻게 다르게 사용하는지 비교해보고,
혹여 다른 저자의 다른 주장이 있다면 그것은 어떤 근거로 펼쳐지는지 확인한다.

<u>언어는</u>　　<u>인생입니다</u>

저에게는 기자 때 생긴 버릇 하나가 있습니다. 책을 읽거나 글을 쓰다가 의미가 모호한 단어를 만나면 꼭 사전을 찾아봅니다. 익숙한 단어도 가끔 낯설게 느껴질 때면 사전을 찾아 다시 확인합니다. 몇 분 뒤 흔들렸던 생각이 명쾌하게 머릿속에 정리되곤 합니다.

예전에는 종이사전이었지만 지금은 검색포털에 단어만 쳐넣으면 빛의 속도로, 순식간에 단어 속에 담긴 정확한 의미가 나옵니다. '이 단어는 무슨 뜻일까?', '어떤 유래로 쓰이게 되었을까?' 하는 질문에 답을 찾아가는 이 '생각의 꼬리물기' 과정에서 건져낸 깨달음이 적지 않습니다.

단어가 품은 정확한 의미를 알고 써 내려가는 문장은, 생각의 의미를 제대로 표현해내는 적확한 문장으로 다시 태어납니다. 자기의 생각을 문장으로 정확하게 옮기려면, 의도하는 바에 딱 들어맞는 적확한 단어를 고르는 것부터 시작해야 합니다. 이것이 습관이 되면 내 의사를 정확히 표현해 옮기는 데도, 타인의 의도를 정확히 읽어내는 데도 큰 도움이 됩니다. 소통의 명쾌함은 이런 과정을 통해 만들어지고 자라납니다.

사람이 동물과 다른, 가장 대표적인 특징이 '언어'입니다. 말과 글을 통해 서로의 생각을 나누고, 그 생각나눔을 통해 지식도 자라고 관계도 만들어집니다. 이때 언어의 가장 작은 의미단위는 '단어'입니다. 모든 단어는 스스로 만들어지지 않습니다. 어떤 대상이나 상황에 대한 인식이 담기고, 단어는 그렇게 생각의 최소단위, 개념의 최소단위가 됩니다.

그러한 이유로 하나의 단어가 탄생하는 과정을 살펴보면, 이유가 없는 것은 단 하나도 없습니다. 단어 하나에 그 시대가 모두 담기기도 하고, 특별한 상황이 담기기도 합니다. 한 단어가 바뀌는 과정을 살펴보면 거대한 역사의 흐름이 보이기도 합니다. 우리는 개념의 최소단위인 단어를 조사로 연결시켜 말과 글의 의미를 완성합니다. 부사를 통해 느낌의 강도를, 형용사를 통해 감정을 드러내고, 접속사를 통해 말의 흐름을 만들어냅니다.

그런데 한자 문화권 관점에서 보면 단어도 최소단위가 아닐 수 있습니다. 한 글자가 하나의 의미를 담기도 하고, 그 한 글자의 의미가 연결되어 전체의 의미를 완성하기도 합니다. 인간이라는 단어를 한번 살펴보겠습니다. 사람을 인간(人間)이라고도 부릅니다. '사람'과 '인간'은 같은 것을 말하지만 담긴 뜻은 다릅니다. '사람'에는 '산다', '살아간다'는 뜻이 담겼다고도 하고, '살아가는 것을 안다(앎)'는 뜻이 담겼다고도 해석합니다.

한편 '인간'이라는 단어는 '인생세간(人生世間)'에서 어원을 찾습니다. 그러나 저는 인간(人間)이라는 글자를 다르게 보고 다르게 해석합니다. 인간이라는 글자를 잘 살펴보면 인간이 어찌 살아야 하는지가 보입니다. 글자 그대로 풀면 '사람 사이'란 뜻이죠. 사람 사이의 관계에 따라 내 삶의 의미가 만들어집니다.

그런데 사람 사이에는 언어가 존재합니다. "생각이나 사상, 관념은 스스로 존재감을 드러내지 못한다. 언어의 외피를 입을 때 비로소 존재 안으로 들어온다."는 말이 있습니다. 수사학, 즉 '레토릭(rhetoric)'을 설명한 말이죠. 이 말을 통해 '언어의 쓰임새'의 핵심을 제대로 알아챌 수 있습니다. 생각에 말이라는 옷을 입혀 세상에 내놓는 것, 그것을 통해 사람 사이의 생각이 이어지고 관계가 만들어집니다. 그만큼 말은 사람이 살아가는 데 매우 중요한 역할을 합니다.

완성되어가는 인간으로 살기 위해, 인간답게 살아가기 위해, 언어를 제대로 알고 제대로 쓰는 것이 매우 중요합니다. 언어를 통해 관계를 만들기도 하고, 남의 지식을 이해하기도 하며, 남을 설득하기도 하고, 내 생각을 미래에 남길 수도 있으니까요. 살아가면서 필요한 '앎'도, 사람 사이의 관계도 모두 언어에 의해 좌우됩니다. 언어에 대한 앎이 곧 사람에 대한 앎입니다. 또 언어에 대한 앎이 지식에 대한 앎, 삶에 대한 앎입니다. 그래서 언어는 곧 인생입니다.

4.

대충 보니까
대충 생각할
수밖에

내 아이들에게 당연히 컴퓨터를 사줄 것이다.
하지만 그보다 먼저 책을 사줄 것이다.

빌 게이츠

'읽기'와 '보기'는 다르다. 읽기는 사유를 가능하게 하지만 보기는 그렇지 않다. 새로운 언어, 즉 나의 사유체계에 없는 언어와 만날 때 우리는 그 언어의 의미를 해석해본다. 그리고 이전과 다른 방식으로 나의 사유체계를 구조화시키는 데 어떤 도움을 주는지를 따져본다. 그 과정에서 '언어적 사유'가 가능해지고, 생각은 깊어진다.

하지만 모르는 언어를 만날 기회가 아예 없다면 어떨까? 설혹 모르는 언어를 만나도 그 의미가 무엇인지 따져보지 않고 대충 넘어간다면? 머릿속에 아무런 흔적이 남지 않는다. 언어의 위기는 깊이 읽지 않고, 관람하거나 관망하며 대충 훑어보는 습관에서 시작된다.

나는 산만하고
너는 바쁜 세상이다

종이로 읽는 것과 스마트폰 SNS로 읽는 것은 어떤 차이가 있을까? 내용을 이해하는 데는 종이가 더 효과적이라는 사실이 이미 많은 연구에서 밝혀졌다. 종이로 읽은 집단이 디지털 매체로 읽은 집단에 비해 기억력과 이해력 모두에서 높은 점수를 받았다.

2014년 미국의 한 대학에서 학생들을 두 팀으로 나눠 한쪽에는 태블릿 PC를, 다른 한쪽에는 종이로 된 읽기 자료를 주었다. 똑같은 글을 읽었을 때 두 집단에서 기억력과 이해력에 차이가 나는지를 알아본 실험이었다. 결과는 예상대로 종이로 읽은 집단이 높은 점수를 받았다. 종이로 읽은 집단은 28%가 9~10점(10점 만점)을 받았지만, 태블릿 집단은 18% 정도에 그쳤다.

노르웨이에서도 비슷한 결과였다. 대학원생 50명에게 단편소설을 읽히고 나서 테스트한 결과, 종이책 쪽이 킨들 쪽에 비해 높은 점수를 받았다. 특히 소설의 전반적인 틀이나 개요를 묻는 질문에는 두 집단의 차이가 미미했지만, 사건의 발생 시점이나 세부사항은 종이책 쪽이 2배나 높은 점수를 받았다. 연구자들은 종이책으로 읽는 사람들이 줄거리를 시간순으로 재구성하는 것도 더 잘한다고 분석했다.

왜 이런 결과가 나왔을까? 연구결과에 따르면, 디지털 매체를 통해 무언가를 읽을 때 딴짓으로 이어질 확률이 무려 85%로, 종이 매체(26%)보다 3배 이상 높다고 한다. SNS는 그만큼 독자를 유혹하는 요소가 많고, 한 번 잘못 누르면 다시 제자리로 돌아오기 어렵다. 화면 위에서 이미지, 링크, 광고, 소리 등이 와글와글하니 글에 집중할 수가 없는 것이다. 집중이 안 되면 생각도 안 되고, 생각이 안 되니 거기에서 얻은 정보로 작성한 글이나 보고서 역시 엉망일 수밖에 없다. 나는 산만하고 너는 바쁜 세상이다.

물론 디지털 읽기가 효과적인 경우도 있다. 예를 들면 정보를 빨리 찾아내야 하는 상황, 글이 짧고 그림이 많은 정보라면 디지털 읽기가 효과적이다. 하지만 길고 논리적인 글, 의미를 깊이 파악해야 하고 오래 기억해야 하는 경우, 종이책이 여전히 강력하다. 디지털 읽기는 뇌가 정보를 분류하는 위치 단서(locational cues)를 무의미하게 만들기 때문에 딥 리딩(deep reading)이 원천적으로 불가능하다는 것이 학자들의 주장이다.[14]

글 말고도 볼거리와 정보가 넘쳐나는 시대다. 우리는 이미 화면에 있는 글을 볼 때도 최대한 요점만 추려 빨리 읽고 처리하는데 익숙하다. 이런 '훑어보기'가 아닌 내용을 세세하게 파악하는 집중적인 읽기는 어떻게 해야 할까?

'F자형 읽기'는
리딩이 아니라 스캐닝

덴마크 출신 전산학자인 제이콥 닐슨(Jakob Nielsen) 박사는 디지털 읽기의 특징을 'F자형 읽기'라고 말했다.[15] 그는 인터넷 사용자 232명의 시선을 추적한 실험을 했다. 디지털 화면을 보는 사람들의 시선을 카메라로 따라가 보니, 10초 이내에 페이지 아래까지 재빨리 훑느라 눈동자가 알파벳 'F' 모양을 그렸다는 것이다. 즉, 맨 위의 1~3문장만 끝까지 보고 나서, 중간까지 뛰어넘은 후 중반부의 1~2문장을 읽는다. 그리고 아래로 쭉 내려와 버린다. 눈동자로 F자를 그리며 읽은 몇 문장 외에 나머지는 읽지 않았다는 뜻이다.

닐슨 박사는, 평소에 책을 읽을 때 한 줄 한 줄 문장 끝까지 읽는 사람도 디지털 매체에서는 빨리 읽기 위해 페이지 왼쪽에만 시선을 둔다는 것도 발견했다. 그의 연구에 따르면 디지털 매체로 100단어를 읽을 때 소요되는 시간은 평균 4.4초에 불과했다. 닐슨 박사는 "아무리 뛰어난 사람도 4.4초 만에 읽을 수 있는 단어의 개수는 18개 정도에 불과하다."며 웹 이용자들이 사실상 글을 거의 읽지 않는다고 말했다.

500페이지가 넘는 고전 문학이나 철학서를 이메일을 읽듯 훑어본다면 머릿속에 무엇이 남을까? 다 읽고 나서 기억이 날까? 페이지마다 새로운 철학용어가 나오거나, 한두 번 읽어서는 그 의미를 온전히 이해할 수 없는 문장이 나올 때, 독자가 할 수 있는 것은 딱 한 가지다. 읽고 생각해보고, 다시 읽고 또 생각하고, 계속 다시 읽으며 의미를 꼼꼼히 따져보는 수밖에 없다. 전후좌우 문맥도 살피고, 멀리서도 보고 가까이서도 봐야 한다. 그러한 노력을 반복하지 않으면 주어진 텍스트를 이해할 방법이 없다.

더욱 심각한 것은, 어느새 F자형 읽기에 익숙해져 종이책을 읽을 때도 이해가 잘 안 된다는 사실이다. 피상적 이해에서 그치거나 아예 이해하지 못하는 독자는 좌절감을 느끼고 종이책으로부터 점점 더 멀어진다.

사색의
종말

30년간 뇌의 정보처리와 사고방식에 대해 연구한 호주의 교육심리학자 존 스웰러(John Sweller) 교수는 한 인터뷰에서 이렇게 말했다. "우리 뇌는 장기 기억력과 단기 기억력이라는 2가지 기억력에 의존하는데, 인터넷으로 읽을 때는 단기 기억력에 폭발적인 정보가 들어가면서 병목현상이 일어나고 집중력이 떨어지며 산만해진다. 반면 책을 읽는 사람의 뇌는 고차원적인 이해와 사고력을 담당하는 장기 기억장치가 활성화된다."

미래학자 니콜라스 카의 《생각하지 않는 사람들》에 나오는 말처럼 "구글은 산만함을 업으로 삼는 기업"인지도 모르겠다.[16] 한 페이지에 오래 머물수록 구글은 손해고, 독자가 빨리 보고 넘어갈수록 광고수입이 늘어나기 때문이다. 디지털 텍스트를 열어놓고 깊이 사색하면서 읽는 사람은 별로 없다. '읽기'보다 '훑어보기'가 더 익숙한 데다, 관심을 갖고 뭔가를 좀 깊이 읽어볼라치면 광고 링크가 계속 뜬다.

온갖 방해기술과 사투를 벌여야 하는 상황에서 어떻게 내가 원하는 정보를 찾아 읽고 구조화할 수 있을까? 얼마나 대단한 의지와 집중력을 발휘해야 탐색하고 사색해 지식을 창조할 수 있을까? 생각만큼 쉽지 않을 것이다. 현란한 정보와 자극적인 메시지의 무차별 공격 속에서 나는 왜, 무엇을 위해 허우적거리는가 헷갈린다. 정보의 바다에 빠져 있을 때 우리는 흘러가는 이미지와 영상에 순간적으로 반응할 뿐, 거기서 언어와 사고를 배울 수는 없다.

이미지와 영상이 텍스트를 압도해버린 세상이다. 이러한 시대에 왜 우리는 여전히 책, 특히 종이책을 읽어야 할까? 정보습득의 효율성이 높아졌고, 정보관리 기술도 발전했다. 원하는 목적을 훨씬 빠르게 달성시켜줄 방법이 차고 넘친다는 뜻이다. 그럼에도 여전히 우리가 종이책을 읽어야 하는 이유는 무엇일까?

앞서 소개한 존 스웰러 교수의 말처럼, 뇌는 글을 읽을 때 그 내용을 장기 기억장치로 보내려고 애쓴다. 하지만 디지털 텍스트는 그 과정을 끊임없이 방해한다. 뇌가 어떤 자극을 의미 있는 정보로 바꾸어 저장할 때, 일종의 완충장치로 먼저 단기 기억장치에 저장한다. 그리고 나서 장기 기억장치로 보내는데, 단기 기억장치에 자꾸만 다른 자극이 새롭게 들어오면 뭐가 더 중요한지 구별이 안 된다. 뇌는 혼란에 빠져 '정신줄'을 놓아버린다.

연구자들의 관찰결과, 스마트폰이나 노트북으로 기사를 읽을 때 30%의 사람들이 첫 문단이 끝나기도 전에 다른 기사로 링크를 타고 넘어가거나 스크롤을 내리며 띄엄띄엄 읽는다고 한다. 그리고 같은 분량의 기사를 읽는 데도 (종이로 읽는 사람에 비해) 시간이 20% 이상 더 걸린다고 한다. 즉 디지털 기기에 익숙해진 사람들은 이제 글을 읽을 때 예전보다 더 많은 노력과 에너지를 쏟아야 한다는 뜻이다.

띄엄띄엄 읽거나 훑어보면 사고가 얕아지고 단절된다. 사유의

대충 보면 대충 생각한다. 생각을 방해하는 가장 무서운 해충이 바로 '대충'이다. SNS에 떠다니는 정보나 지식에 의존할수록 내면에 축적되는 지식은 줄어든다. 상상력은 존재하는 현상과 존재하지 않는 이상을 연결할 때 폭발한다. 하지만 외부의 정보를 해석해낼 내 안의 사유체계가 없다면, 아무리 좋은 정보가 들어와도 기존 정보와 새로운 정보를 연결시킬 수 없다. 미지의 세계를 상상할 기반이 없기 때문이다.

쪼가리들이 여기저기 날아다니기만 할 뿐 어딘가에 정착하지 못한다. 뿌리를 내리지 못하니 새로운 생각이 자라날 수 없다. 늘 뭔가를 보고 있지만 깊이 생각하며 읽는 게 아니라 대충 볼 뿐이다. 그러니 뭔가 읽기는 읽어도 남는 것이 없고 머릿속은 백지상태다.

대충 보면 대충 생각한다. 생각을 방해하는 가장 무서운 해충이 바로 '대충'이다. SNS에 떠다니는 정보나 지식에 의존할수록 내면에 축적되는 지식은 줄어든다. 상상력은 존재하는 현상과 존재하지 않는 이상을 연결할 때 폭발한다. 하지만 외부의 정보를 해석해낼 내 안의 사유체계가 없다면, 아무리 좋은 정보가 들어와도 기존 정보와 새로운 정보를 연결시킬 수 없다. 미지의 세계를 상상할 기반이 없기 때문이다. 당연히 상상은 공상, 환상, 몽상, 망상으로 전락한다.

깊이 읽어야 사고체계도 깊고 넓어진다. 그리고 거기에서 비로소 추론 능력과 비유적 사고가 자란다. 겉껍질만 훑는 사람에게 세상을 꿰는 통찰력은 절대 생기지 않는다.

5.

책의 길이,
사유의 길이

독서는 '지금 읽고 있는 나'와
'벌써 다 읽어버린 나'의 공동 작업이다.

우치다 타츠루

한동안 종이책파와 전자책파가 나뉘었는데, 이제는 유튜브파만 남은 듯싶다. 디지털 텍스트조차 읽고 이해하고 해석하는 과정이 귀찮고 피곤해진 것이다. 건너뛰고 훑어보는 습관에 익숙한 디지털 세대들은 문자기피증, 난독증, 텍스트 혐오증에까지 이르렀다. 조금만 길어도 읽지 않고 넘어간다. 참을성이 없어진 탓이다.

이미지와 영상이 텍스트를 대체하는 흐름은 더욱 빨라졌다. 정여울 작가는 한 신문 칼럼에서 요즘 학생들에게 '원작 읽기와 손글씨로 글쓰기'를 강의한다는 것은 '계란으로 바위 치기'처럼 어려운 일이라고 고백했다.[17] 요즘 1020은 검색도 유튜브가 먼저다. "귀찮게 왜 읽어?"라며 읽지 않고 본다. 그러다 보니 이들은 읽고 쓰기가 잘 안 된다.

예전에는 '글을 읽고 쓸 줄 모르는 사람'을 '문맹'이라고 불렀지만, 이제 글자를 읽어도 글은 이해하지 못하는 사람들이 생겨났다. '신(新)문맹'이라 불러야 할까? 영상과 이미지를 '보는' 데만 익숙한 신문맹들은 인터넷 뉴스조차 읽지 않고 관람한다.

전자책을 본 사람은 알겠지만, 킨들이나 태블릿 PC, 스마트폰으로 책을 읽으면 얼마나 읽었는지, 얼마나 남았는지를 직관적으로 알 수 없다. 노르웨이 스타밴거 대학의 앤 망겐(Anne Mangen) 교수는 종이책의 촉감, 두께 같은 '물성'이 읽기에 큰 영향을 준다고 분석했다. 종이책을 읽을 때는 내가 지금 500쪽짜리 소설책을 읽는지, 150쪽짜리 시집을 읽는지 감각으로 안다. 책장을 넘길 때마다 종이의 질감도 느낀다. 이런 감각들이 책을 읽고 나서 이야기를 재구성할 때 기억과 연동되는데, 전자책은 그런 연결고리가 상대적으로 부족하다. 게다가 종이가 아닌 화면으로 훑어볼 때는 빠르게 다음으로 넘어가려는 심리적 욕망이 앞선다.

앞서 소개한 철학자 우치다 타츠루의 《어떤 글이 살아남는가》[18]에 따르면 "독서는 '지금 읽고 있는 나'와 '벌써 다 읽어버린 나'의 공동 작업"이라고 말한다. 두껍고 어려운 책이지만, 그래도 끝까지 읽을 수 있는 원동력은, 책을 다 읽고 나서 느끼는 깨달음의 희열에서 나온다. 또 길고 깊은 사유의 여정 속에서 뜨거운 감동에 젖은 자신을 발견하기 때문에 끝까지 읽을 수 있다. 즉 '다 읽고 난 나'가 보증인이 되어주기 때문에 '지금 읽고 있는 나'가 가능하다는 것이다.

저자에 따르면 '지금 읽고 있는 나'와 '다 읽고 난 나'는 모래성 양쪽에서 굴을 파는 두 아이와 같다고 한다. 맞은편에서 각자 자기만의 생각으로 굴을 파다 보면 어느 순간 상대방의 손이 닿는다. 이때 느껴지는 짜릿한 감동과 극적인 성취감을 상상해보라. 한 권의 책을 다 읽는다는 것은 이처럼 '다 읽고 난 나'와 '지금 읽고 있는 나'의 극적인 만남이다.

물론 화면으로 읽는 것이 무조건 다 나쁘다는 뜻은 아니다. 책마다 다르고, 개인차도 있다. 실제로 난독증 환자 중에는 전자책으로 읽기 훈련을 해 읽는 속도와 이해력이 높아졌다는 사례가 있다. 하지만 지문의 길이가 길고 난이도가 높을수록 종이책, 종이 인쇄물이 필요하다. 결국 어떤 종류의 글이냐에 따라 개개인이 선택해야 한다. 오감으로 공감하며 종이책을 읽을 것인가, 만질 수는 없지만 상대적으로 집중을 덜 해도 되는 전자책을 읽을 것인가?

책을 읽을 때 앞으로 이야기가 얼마나 남았느냐는 중요한 문제다. 예를 들면 소설 속 연인이 "사랑해."라는 말을 주고받았다. 책의 맨 앞부분에 나오는 것과 결말 부분에 나오는 것은 느낌이 다르다. 사랑에 빠지기 시작하는 단계인가, 아니면 끝나가는 단계인가? 페이지가 얼마나 남아 있는지를 알면, 저자의 숨결에 따라 감정이나 교훈의 강약을 조절할 수 있다.

종이책을 읽을 때 우리는 손으로 받쳐 든 책의 중량감을 느끼고 남은 페이지를 눈으로 확인하면서 읽는 속도를 조절한다. 후반으로 접어들면 절정감을 느낄 준비를 한다. 이것이 바로 독서의 맛이다. 초반에는 페이지마다 숨어 있는 힌트를 발견하고, 중반을 넘어서면서는 '반환점을 돌았으니 조금만 더 참고 견디자' 하면서 읽어낸다. 그리고 마침내 두꺼운 책이 다 끝나갈 때 성취감과 환희의 빛이 우리를 찾아온다.

라면을 먹는 과정과 비슷하다. 면과 고깃점, 그리고 파와 양념이 들어간 국물의 맛을 음미하다가 마침내 바닥이 드러나는 순간, 진한 아쉬움이 남는다. 책도 마찬가지로 단순히 정보를 씹지도 않고 꿀꺽 삼키기보다는 종이의 감촉을 느끼고 떠오르는 생각을 메모하면서 저자가 이끄는 공감의 흐름을 따라가야 한다. 때로는 무릎을 치고, 전두엽을 번개처럼 스친 깨달음을 쫓아가면서 말이다.

괴테의 《파우스트》[19]나 데카르트의 《방법서설》[20]을 직접 읽지 않고 그들의 깊은 사유 안으로 들어갈 수 있을까? 동영상 강의만으로는 절대 불가능한 일이다. 그들이 남긴 텍스트를 열고 하나하나 읽어내는 수고를 투입해야 비로소 사유의 문이 열린다. 깊이 읽은 책의 길이가 내 사유의 깊이와 길이다.

복잡한 문제일수록 지적 인내심이 필요하다. 다양한 해결방안을 대입해서 다각적으로 모색해야 하기 때문이다. 하지만 평소 깊이 읽기를 멀리한 사람들은 복잡한 문제도 무조건 빨리 해결하려고 달려든다. 불확실한 상황, 예측불허의 문제일수록 한 분야의 전문성만으로 쉽게 해결되지 않는데도 말이다.

이런 상황에서 우리에게 필요한 것은 은근과 끈기뿐이다. 다양한 사람들이 저마다의 전문성을 동원해서 복잡하게 얽힌 문제를 끈질기게 물고 늘어져야 한다. 그러기 위해 끝까지 파고드는 '깊은 사유'가 절실하다. 그리고 오랜 시간 버틸 수 있는 '긴 사유'도 필수다.

회백질이 줄어든
팝콘 브레인

"내 아이들에게 당연히 컴퓨터를 사줄 것이다. 하지만 그보다 먼저 책을 사줄 것이다." 빌 게이츠가 남긴 명언이다. 컴퓨터보다 책이 아이의 사고력을 키우는 데 도움이 된다는 가정에서 한 말이다. 하지만 이제 컴퓨터와 책이 맞서는 시대는 갔고, 스마트폰에 맞섰던 책은 완패당했다. 독서혁명보다 기술혁명이 더 중요해진 것이다.

기술혁명을 이끄는 원동력은 사고혁명이고, 사고혁명의 근원은 사고력을 촉진하는 독서다. 그런데 사고혁명은 독서혁명에서 시작되었고, 독서혁명이 일어나려면 문해력(文解力)이 필수다. 문해력은 문자의 의미를 해독하는 것을 넘어 문맥 안에서 문장이 의미하는 바를 해석하는 능력이다.

2017년, 우리나라의 만 18세 이상 성인 4,000여 명을 대상으로 문해력 테스트를 해보았다.[21] 그 결과가 무척 충격적이었다. 우리 국민의 약 35%가 중학교 이하의 문해력을 가졌다는 사실이 밝혀졌다. 글자를 읽어도 그 단어의 의미를 모르거나, 개별 단어는 알아도 그 문장이 무슨 뜻인지 모른다는 것이다. 무려

10명 중 3명이. 기본문맹률이 1%인 나라에서 실질문맹률이 이렇게 높다는 것은 상당히 충격적이다.

현대인은 3초마다 딴짓을 한다는 연구결과가 있다. 15분 이상을 몰입하지 못하는 것을 뜻하는 '쿼터리즘(quarterism)'이라는 단어도 옛말이 되었다. 이제 15분은 너무 길다. 15분은커녕 15초도 깊이 생각하기 어려우니 말이다. 이처럼 시도 때도 없이 입력되는 정보에 시달리는 뇌를 '팝콘 브레인(Popcorn Brain)'이라고 부른다.

미국 워싱턴대 데이비드 레비(David Levy) 교수의 연구결과에 따르면, 자극적인 정보에 수시로, 지속적으로 노출된 뇌는 더 강력한 자극이 들어와야 팝콘이 터지듯 크고 강렬한 반응을 보인다고 한다. 그렇게 바뀐 뇌는 텍스트처럼 깊이 생각해야 하는 정보에는 전혀 반응하지 않는다. 실제로 뇌 구조도 바뀐다고 한다. 디지털 중독인 사람들을 조사한 결과 생각을 담당하는 회백질의 크기가 줄었다고 한다.

가장 큰 문제는 '모국어의 위기'다. 깊이 읽는 능력이 사라지면서 국어 실력도 덩달아 급격하게 떨어졌다. 국어 실력이 떨어지면 언어해독 능력도 떨어진다. 국어가 외국어보다 더 어려워지는 것이다. 모국어를 잘 못하는 아이가 외국어를 잘할 수 있을까? 당연히 못 한다. 언어학자들의 연구결과도 같았다.

모국어를 외면하면 자신이 진정으로 무엇을 욕망하는지 모른다. 표현할 수 없기 때문이다. 언어가 현실에 안주하는 순간 인간의 생각도, 아니 두 발로 걷는 삶조차 지금 여기를 벗어나지 못하고 틀에 박힌다. 모국어의 위기는 곧 삶의 위기다. 왜냐하면 필연적으로 사고의 위기를 가져오기 때문이다.

디지털 정보나 동영상 강의의 치명적인 약점은 크게 2가지다. 첫째는 배경지식을 쌓을 수 없다는 것이다. 배경지식은 한 분야를 깊이 읽지 않으면 생기지 않는다. 둘째는 정보나 지식을 듣는 사람의 입맛에 맞게, 지나치게(?) 가공해서 전달한다는 것이다. 듣는 사람이 스스로 생각할 필요가 없으니 사고력은 오히려 퇴보한다. 배경지식을 쌓을 필요도 없고, 그것을 바탕으로 뇌를 굴려 연상하거나 유추할 이유도 없다.

결과적으로 입력되는 정보는 많은데 그것을 처리할 시간은 짧아지고, 다양한 정보가 들어와도 그것을 자신만의 관점으로 해석할 능력이 점점 없어진다. 인간의 사유조차 '아웃소싱' 해버린 것이다.

다시 강조하지만, 깊이 읽기란 자신이 터득한 삶의 지혜와 책속 저자의 생각을 연결시키는 것이다. 기존 지식과 새 지식을 연결해 나만의 생각과 관점을 꽃 피워 나다움을 만드는 작업이다. 그래서 깊이 읽는 사람은 쉽게 타자의 입장이 되어 간접적으로 나마 전혀 다른 세계를 경험한다. 그 과정에서 공감능력도 커진다. 공감능력은 한 컷의 '짤'을 보고 일방적으로 판단하거나 순간적으로 느끼는 것이 아니다. 콘텍스트 속 텍스트의 의미를 여러 관점에서 해석해보는 부단한 훈련의 결과다.

남의 정보만, 그것도 디지털 텍스트나 영상매체처럼 흘러가는 정보만 접하는 사람은 자기만의 관점을 가질 수 없다. 그리고 자기만의 관점이 없는 사람은 세상의 정보를 주체적으로 해석할 수 없다. 결국 깊이 읽기는 나의 관점에서 저자의 관점을 해석하는 것이고, 나와 다른 관점을 접하면서 기존과 다른 생각을 새롭게 창조하는 것이다.

검색능력과 사색능력의 반비례

인터넷이 없던 시절, 찾아봐야 할 자료가 떠오르면 도서관으로 달려갔다. 찾고(search) 또 찾는(search) 연구(re-search)의 과정이 다 그랬다. 발품, 손품 다 팔아가며 이것저것 뒤적이다 찾으려 했던 정보의 광맥을 만나는 순간, 그 기쁨은 말로 표현할 수 없었다. 정보를 찾은 결과도 의미 있었지만, 정보를 찾아가는 과정 자체가 놀라운 학습이 일어나는 탐색 여행이었다. 목차와 본문을 수차례 오가는 긴 사색과 탐색을 거쳐야만 내가 원하는 핵심 정보를 발견할 수 있었기 때문이다.

그런데 지금은 어떤가? 검색엔진을 열면 찾으려 했던 정보를 다 찾기도 전에 방해꾼들의 공격이 시작된다. 너무 많은 정보가 뇌로 입력되지만 그걸 해석하거나 의미를 반추할 시간은 없다. 인간의 뇌는 텍스트를 읽을 때, 주목할 단어의 '위치 단서'를 활용해 정보를 분류한다. 그런데 디지털 텍스트를 읽을 때는 마우스로 화면의 스크롤을 내리다 보면, 그 사이에 광고와 링크가 불쑥불쑥 나온다. 거기에 정신을 빼앗기면 도대체 방금까지 뭘 어디까지 읽었는지, 무슨 내용이었는지가 기억나지 않는다.

우리의 뇌는 자료와 정보가 입력되면 그것을 지식으로 전환하기 위한 시간이 필요하다. 떠도는 자료나 정보를 지식으로 숙성시키는 사색과 침묵의 시간이다. 그런데 현대인은 불특정 다수와는 자주 대화해도, 자신과는 대화하지 않는다. SNS는 시도 때도 없이 집중을 방해하고, 링크와 링크 사이를 옮겨 다니지만, 거기서 만난 정보가 무엇을 의미하는지 곰곰이 생각할 시간은 없다.

검색능력과 사색능력은 반비례인지, 검색속도가 빨라질수록 지식을 창조하는 강도 높은 사색은 뒷전이다. 당신은 어떤가? 어떤 정보를 새롭게 접할 때, 그 정보가 가진 사연과 배경, 문제의식과 핵심 메시지가 무엇인지 생각하는가? 그것을 온전히 스스로 깊이 사색하고 정리하는가? 그런 힘들고 수고로운 과정을 거쳐야만 내 공부의 결과물이 된다.

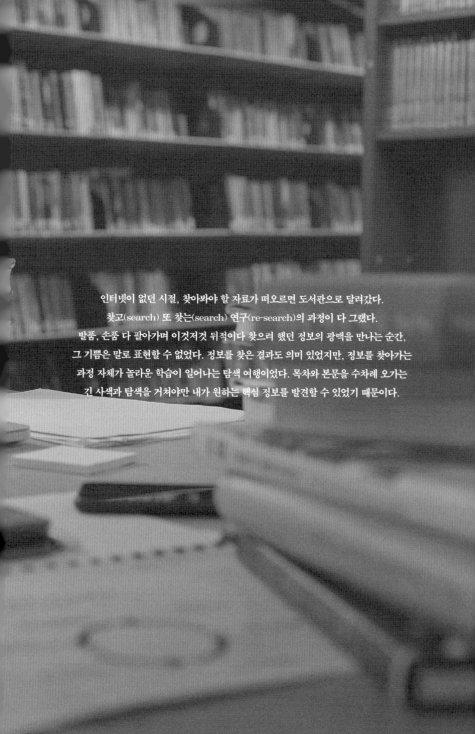

인터넷이 없던 시절, 찾아봐야 할 자료가 떠오르면 도서관으로 달려갔다.
찾고(search) 또 찾는(search) 연구(re-search)의 과정이 다 그랬다.
발품, 손품 다 팔아가며 이것저것 뒤적이다 찾으려 했던 정보의 광맥을 만나는 순간,
그 기쁨은 말로 표현할 수 없었다. 정보를 찾은 결과도 의미 있었지만, 정보를 찾아가는
과정 자체가 놀라운 학습이 일어나는 탐색 여행이었다. 목차와 본문을 수차례 오가는
긴 사색과 탐색을 거쳐야만 내가 원하는 핵심 정보를 발견할 수 있었기 때문이다.

6.

피가 부족하면
빈혈,
언어가 부족하면
빈어

내 언어의 한계는 내 세계의 한계를 의미한다

비트겐슈타인

(

사람의 건강은 무엇으로 판별할까? 여러 척도가 있겠지만, 그 중 하나가 풍부한 혈액이 온몸의 구석구석을 잘 도느냐다. 혈행이 좋은 사람은 건강하다. 피가 부족하면 '빈혈(貧血)'이라고 부르는데, 의학적으로는 혈액 속 적혈구나 헤모글로빈이 정상값 이하로 감소한 상태다. 빈혈이 발생하면 두통이나 현기증, 어지러움뿐 아니라 의욕이 떨어지고, 쉽게 피로해지며 움직이면 숨이 찬다. 경우에 따라 일상생활조차 불편해진다.

마찬가지로 두 사람이 주고받는 단어를 한쪽이 이해하지 못하는 '언어 빈곤' 현상이 있다. 빈어(貧語) 혹은 빈어증(貧語症)이라고 한다. [22] 빈혈을 방치하면 면역력은 물론 집중력도 떨어져 정상적인 생활이 어려워지듯이, 빈어증을 방치하면 간단한 텍스트도 몰입해서 읽지 못하니 포기하고 만다. 당연히 깊은 사유와 사고가 불가능하다. 증상이 더 심해지면 자신의 생각을 표현하지 못하니 공부는 물론 일상적 대화에도 깊이 관여하지 못한다. 문제해결력과 사고력에 심각한 사고(事故)가 일어난다.

빈어증이 발생하는 가장 근본적인 이유 중의 하나는, 의도적으로 우리말을 공부하지 않기 때문이다. 영어 단어는 열심히 외우는데 왜 우리말은 국어사전을 펼쳐놓고 공부하지 않을까? 검색조차 유튜브가 먼저니, 원하는 정보를 찾아도 영상으로 접한다. 단어와 문장을 읽고 해석하기보다 영상이나 이미지로 상상하는 시대가 되었기 때문이다.

그러다 보니 어휘력은 점점 더 빈약해지고, 문장 속 어휘가 무슨 의미인지 생각하는 과정 자체가 사라졌다. 가슴에 손을 얹고 생각해보자. 내가 1년 전에 사용했던 개념과 지금 사용하는 개념이 크게 달라졌는가? 특정한 주제로 짧은 글을 써보면 쉽게 알 수 있다. 내가 쓴 단어나 개념의 수준을 보면 내가 얼마나 개념이 없는지도 한눈에 보인다.

예를 들면 여러분은 글을 쓸 때 반성(反省)과 성찰(省察), 백미(白眉)와 압권(壓卷), 변동(變動)·변화(變化)·변천(變遷), 비난·비판·비평의 차이를 구분해서 쓰는가?[23] 모두가 미묘한 차이를 지닌 유사어다. 가령 개인 차원의 일회적인 반성과, 다른 것과의 관계성 속에서 지속성을 띠는 성찰은 다르다. 뛰어난 작품에는 백미와 압권을 함께 쓸 수 있으나 뛰어난 사람에게는 압권을 쓸 수 없다. 변동이 일정 기간에 일어나는 변화를 의미한다면, 변화와 변천은 시간의 흐름에 따른 추이를 강조한다. 다만 변천은 사물의 상태나 성질을 나타내는 경우, 예를 들면 맛이나 표정의 변화에 변천을 쓸 수 없다. 비난은 주로 잘못된 점을 잡아서 나쁘게 말하는 것이고, 비판은 옳고 그름을 따져 말하되 주로 부정적으로 언급할 때 사용한다. 이에 반해 비평은 부정적이든 긍정적이든 가리지 않고 상대의 작품에 대해 논하는 것을 말한다.

음식에 대하여 특별한 기호를 가진 사람이나 좋은 음식을 찾아 먹는 것을 즐기는 사람을 '미식가'라고 한다. 그렇다면 미식가를 한자로 쓰면 미식가(味食家)일까 미식가(美食家)일까? 실제로 어느 퀴즈 프로그램에서 이 문제가 사지선다형으로 출제된 적이 있다. ① 米 ② 未 ③ 美 ④ 味 중에서 미식가의 미를 고른다면? 답은 ③번 아름다울 미(美)다. 30여 명 중에서 답을 맞힌 사람은 단 1명뿐이었다. 대부분 맛 미(味) 자를 골랐다.

여러 원인이 있겠지만, 우리말 대부분이 한자어로 구성된 데서 빈어증이 시작되었다고 볼 수 있다. 특히 학교 교과서에 나오는 단어는 한자가 많다. 한 연구결과에 따르면 우리나라 초등학교 1~6학년까지 모든 과목 교과서에 쓰인 한자어는 총 1만 2,787개이고, 누적 출현 빈도는 총 22만 3,500회라고 한다.[24] 그리고 학술 도구어의 99%, 개념류 사고 도구어의 98%가 한자어라는 통계도 있다.

결국 빈어증은 한자어를 모르기 때문에 발생하는 현상인 셈이다. 그렇다면 반대로 한자어를 많이 익히고, 정확하게 사용하는 법을 훈련하는 것이 어휘력 향상의 지름길 아닐까?

'한자' 모르면 어휘력도 한심

빈어증은 외국어 공부를 방해하는 주범이기도 하다. 예를 들면 영어의 'accomplishment'를 우리말로 관철(貫徹)이라고 번역하면 관철이 무슨 말인지 모르는 사람에게는 이중고가 따른다. 앞서 모국어 실력이 곧 외국어 실력이라고 말했듯이, 제2외국어를 배우려는 사람은 모국어를 많이 알아야 한다. 영어를 공부할 시간에 관철이라는 한자어를 별도로 가르치는 노력이 따르지 않는 한, 모국어를 기반으로 외국어를 유창하게 할 수가 없다.

'contribution'는 기여 혹은 공헌을 뜻하고, 'involvement'는 관여 혹은 개입이다. 그런데 기여와 공헌, 관여와 개입이 어떤 차이가 있는지 모르면 어떨까? 이 두 단어의 의미상 차이를 이해시킬 수 있을까? 'contribution'은 '어떤 일에 몰입해서 헌신적으로 기여한다'는 의미다. 헌신적인 기여란, 온몸을 던져 적극적으로 관여하는 몰입과 집중이다.

이에 반해 'involvement'는 'contribution'에 비해 몰입과 집중의 강도가 확 떨어진다. 그래서 적극적 '기여나 공헌'이 아니라 적당한 수준의 '관여나 개입'으로 번역한다. 이런 미묘한 차이를 알아야만 번역할 때 본래의 의미가 제대로 전달된다. 하지만 영어단어의 미묘한 차이는 물론이고 그 뜻을 설명하는 한자어도 모르면 외국어 학습은 거의 불가능하다.

"숙고하는 것이 손전등이라면 행동하는 것은 전조등이다."[22]

어느 날, 학부 수업시간에 이 말을 보여주면서 숙고와 행동의 차이점을 멋지게 비교한 문장이라고 소개했다. 롤프 도벨리가 《불행 피하기 기술》에서 한 말이다. 그런데 다들 잘 모르겠다는 표정이어서 의아한 적이 있다. 물어보니 손전등은 알겠는데 전조등이 뭔지 모르겠다는 것이다.

이 문장은 은유법을 사용해 숙고와 행동을 설명했다. 은유법은 복잡한 생각이나 현상을 알기 쉽게 표현하면서도 각각의 현상이나 대상이 지닌 의미의 핵심을 꿰뚫어 전달한다. 하지만 은유법으로 의사소통하려면 은유에 동원되는 어휘의 뜻을 알아야 한다.

예를 들어 '독서는 피클이다'라는 표현을 살펴보자. 먼저 오이와 피클의 차이점을 알아야 한다. 책을 읽기 전에는 오이였지만 책을 읽으면서 (서서히 저자의 생각에 물들어) 피클로 바뀐다는 뜻이다. 또 오이가 피클이 될 수는 있지만, 반대로 피클이 다시 오이로 돌아갈 수는 없다. 이것은 독서가 '비가역적 변화'임을 암시하는 비유다. 즉 책을 읽고 나면 이전의 상태로 다시 돌아갈 수 없다는 것이다.

은유는 서로 관계없는 둘 사이에 존재하는 공통점을 찾아 연결하는 것이다. 겉으로는 서로 관계가 없어 보이는 익숙한 어휘를 얼마나 많이 동원해서 절묘하게 연결하느냐가 관건이다. 결국 어휘가 풍부한 사람은 다양한 은유를 통해 사유를 펼칠 수 있다.

공고에 다닐 때 용접기능사 2급 자격증 시험을 치렀다. 첫 번째 시험은 온도 조절에 실패해 철판에 구멍이 뚫리는 바람에 불합격했다. 그래서 재수를 해야 했다. 그런데 학교에 용접기가 넉넉하지 못해서 차례를 기다렸다가 실습하길 반복했다. 당시 기다리는 시간이 너무 지루해서 시작한 것이 한자 공부였다. 상용 한자 3,000자 책을 사서 틈틈이 반복해서 한자를 익혔다. 어떤 시점이 되자 일기를 한자로 쓸 수 있을 정도가 되었다.

우리말의 대부분이 한자어라는 사실을 일기를 써보면서 알게 되었다. 접속사나 조사를 제외하고 모조리 한자로 쓸 수 있었기 때문이다. 용접기 차례를 기다리며 이런 일기도 써보았다.

"親舊를 만나 앞으로 어떻게 살아갈지 未來를 構想하면서 서로 의 友情을 나눴다. 우리는 만날 때마다 各自의 꿈을 토대로 어떤 일을 하면서 살아갈지, 그 일이 나에게 던져주는 意味가 무엇인지 를 곰곰이 생각하며 複雜한 心情을 整理해보는 時間을 가졌다."

이렇게 쓸 수 있는 모든 단어를 한자로 써보니, 한국어 단어의 뜻이 더 명료해졌다. 그 체험은 지금까지도 나의 어휘력과 개념 창조 능력에 중요한 밑거름이 되었다.

우리말 대부분이 한자어로 구성된 데서 빈어증이 시작되었다고 볼 수 있다. 특히 학교 교과서에 나오는 단어는 한자가 많다. 한 연구결과에 따르면 우리나라 초등학교 1~6학년까지 모든 과목 교과서에 쓰인 한자어는 총 1만 2,787개이고, 누적 출현 빈도는 총 22만 3,500회라고 한다. 그리고 학술 도구어의 99%, 개념류 사고 도구어의 98%가 한자어라는 통계도 있다. 한자로 써보면 한국어 단어의 뜻이 더 명료해진다. 그러니 한자어를 많이 익히고, 정확하게 사용하는 법을 훈련하는 것이 어휘력 향상의 지름길 아닐까?

7.

왜 언어를
디자인해야 하는가?

우리가 직면한 문제들은, 그 문제들이 발생할 때
사용했던 사고방식으로는 해결할 수 없다.

아인슈타인

김경후 시인은 '문자'라는 시에서 "다음 생애에 나는 너의 문자 너의 모국어로 태어날 것이다."라고 했다. 언어를 정복하는 사람이 세상을 정복한다. 언제나 언어가 문제다. 언뜻 생각해보아도 언어의 뜻을 이해하지 못한다는 것은 보통 심각한 문제가 아니다. 생각도 멈추고 소통도 단절되며 공동체 의식도 형성되지 않는다. 아이디어가 아무리 많아도 머릿속의 생각을 표현할 적확한 단어가 없으면 아이디어는 사라지고 만다. 사라지지 않더라도 표현할 수 없으면 무용지물일 뿐이다. 아이디어를 현실로 구현하려면 우선 단어부터 바꿔야 한다.

인간관계도 마찬가지다. 적확한 단어가 없으면 자기 입장에서 쉽게 단정해버린다. 앞서 말했듯이 아마추어와 프로의 차이는 동원할 수 있는 언어의 차이다. 아마추어는 언어가 빈약하다. 언어가 빈약하니 생각도 미천하고, 생각이 미천하니 남다르게 행동할 가능성의 폭도 좁다.

문제해결도 마찬가지다. 프로는 남들과 다른 언어, 기존에 없던 생각으로 문제에 접근한다. 하지만 아마추어는 기존의 생각, 틀에 박힌 언어 안에서 뱅뱅 돈다. 당연히 대안도 못 찾고, 해결도 안 된다. 그럴 때 프로는 자신의 한계를 빠르게 간파하고, 다른 생각을 찾기 위해 그 분야의 대가를 찾아가거나 관련된 책을 읽는다. 다른 생각과 접속하기 위해 부단히 노력하는 것이다.

뭔가 다른 사람은 사용하는 언어부터 남다르다

정해진 길을 걸어가며 조화와 안정을 추구하는 사람이 '모범생'이라면, 아무도 가지 않은 미지의 세계로 뛰어들어 새로운 길을 개척하는 사람은 '모험생'이다. 모험생은 불확실하지만 새로운 가능성을 열어갈 때 남다른 재미와 의미를 발견한다. 또 이들은 사회적으로 통용되는 언어를 쓰기보다 자기만의 언어를 만들고자 애쓴다. 대가들이 정의해놓은 개념을 자신만의 방식으로 재정의하는 것이다. 그것을 통해 이전과 다르게 세상을 바라보려고 노력한다. 그러다 보면 모험생들은 결국 '뭔가 다른 사람'이 된다.

'뭔가 다른 사람'은 파격적이고 혁신적인 생각을 하고, 그것을 창의적인 언어에 담아 표현한다. 누구도 사용하지 않은 개념을 새롭게 창조하거나, 기존 개념을 전혀 다르게, 자기만의 방식으로 재개념화 혹은 재정의한다. 이들은 거기에서 큰 재미와 의미를 느낀다.

소위 '성공하는 사람'들은 편안한 삶에서 재미를 느끼지 못한다. 오히려 안전한 삶의 경계를 벗어나 낯선 곳으로 탈주하는 과정을 즐긴다. 생전 처음 경험하는 낯선 부딪침을 즐기고, 그런 경험을 또 새로운 언어로 표현하길 즐긴다. 이들은 틀에 박힌 언어가 아닌 새로운 통찰을 주는 깨달음의 언어를 원한다.

그래서 이들은 생각과 행동만 위험한 것이 아니라, 언어를 사용하는 방식도 위험하다. 왜냐하면 아직 사회적 합의를 거치지 않은 개념이나 의미를 자신만의 독특한 생각을 담는 데 자유롭게 사용하기 때문이다. 그러한 언어들은 생각지도 못한 방식으로 재정련되면서, 특정한 생각이나 느낌을 표현하는 특유한 개념으로 다시 태어나는 경우가 많다.

예를 들면 스피노자의 '코나투스'나 니체의 '아모르 파티'와 같은 개념어가 바로 특수한 상황에서 스스로 고뇌하는 가운데 창안해낸 독창적인 개념이다. 삶이 절박하지 않으면 언어도 간절하지 않다. 어제와 다른 삶을 살아가려고 애간장을 태우는 사람 앞에, 미래는 다른 가능성을 펼쳐 보여준다. 더불어 언어의 깊이와 넓이가 함께 변할 때 삶까지도 달라진다.

뭔가 다르게 살고자 노력하는 사람의 삶은 위험의 연속이다. 틀을 깨고 판을 뒤흔드는 그의 모험을 표현하는 언어도 파격적일 수밖에 없다. 틀을 벗어나는 파격적인 사유를 평범한 단어로 표현할 수 있을까? 뜻밖의 의미는 틀 밖의 언어에 담을 수밖에 없다. 비슷한 성취를 거두어도 이들이 전혀 다르게 보이는 이유는, 결과를 드러내는 언어 사용이 남다르기 때문이다. 예를 들어 나는 철판을 용접하며 회색빛 청춘을 보냈기에, '지식융합' 대신 '지식용접(knowledge welding)'이라는 개념을 창안했다. 이질적 지식을 용접해서 새로운 지식을 만드는 '지식의 연금술'을 생각한 결과다. 기존의 개념에 머무르기보다 나만의 열정과 철학을 가미한 새로운 개념을 창조할 때 모험생의 길이 시작된다.

하나 덧붙이자면, 뭔가 다른 사람은 긍정의 언어를 사용한다. 긍정의 언어를 사용하면 긍정적인 내가 되고, 부정의 언어를 사용하면 매사에 부정적인 내가 된다. 열정과 도전의 언어를 사용하면 열정적으로 도전하는 내가 되지만 좌절과 절망의 언어를 사용하면 언제나 좌절과 절망의 늪에서 헤어 나오지 못한다. 희망과 가능성의 언어를 사용하면 생각지도 못했던 가능성의 세계가 활짝 열린다. '나'라는 존재의 집을 어떤 언어로 지을 것인가? 어떤 집에 머무느냐에 따라 나의 생각과 행동은 물론 삶까지도 바뀐다.

모범생은 지금까지 배운 언어로 주어진 현상을 설명하고 이해한다. 그 정도면 충분하다고 생각하고, 쓰던 방식대로 기존의 언어를 쓰니 삶에 변화가 없다. 반면 모험생은 어제와 다른 방식으로 살기 위해 부단히 노력한다. 언어의 쓸모를 바꿔 본인의 쓸모를 업그레이드하면 세상을 위한 쓰임도 달라진다고 생각하기 때문이다. 모범생은 오래전에 지은 언어의 집에서 소일하며 안빈낙도하지만, 모험생은 어제와 다른 언어의 집을 소임을 다하며 끊임없이 증축하고 개정하며 변화를 꿈꾼다.

내가 아는 언어만큼
내 세계가 열린다

내가 아는 언어만큼 낯선 세상이 열린다. 좋은 경치를 봐도 그 장면이나 풍광을 표현할 언어가 없으면 못 본 것이나 다름없다. 내가 모르는 언어만큼 세상도 어둠에 갇혀 있다. 언어를 매개로 세상을 표현할 때, 어둠의 세계는 밖으로 나와 나에게 의미 있는 무언가가 될 수 있다.

내가 아는 언어만큼 나에게 의미 있는 세계가 열린다. 똑같은 일상을 살아가도 누군가는 어제와 다른 상상력을 품고 비상한다. 어제와 다른 관심을 갖고, 똑같은 대상도 다르게 표현하는 언어를 늘 배우기 때문이다. 세상이 틀에 박힌 게 아니라 내 관점과 언어가 타성에 젖었을 뿐이다.

작년에 사용했던 언어와 올해의 언어가 수준이 비슷하다면 나는 1년 동안 갇혀 산 사람이나 마찬가지다. 내가 배운 언어만큼 세상은 어제와 다르게 열린다. 새로운 언어를 입력하지 않으면 내 삶의 출력은 바뀌지 않는다. 더 심각한 문제는, 입력이 점차 줄어드는데 출력은 기하급수적으로 늘어난다는 사실이다. 책을 읽는 사람은 점점 줄어드는데, 책을 쓰려는 사람은 왜 이렇게 많아졌을까? 왜 유튜브를 비롯해 각종 미디어를 통해 자기주장을 펼치려는 사람이 상상을 초월할 정도로 늘어날까?

새로운 언어를 배우지 않으면 진부한 언어가 반복될 뿐이다. 새로운 언어를 습득하거나 기존 언어를 다르게 사용하려는 노력은 없는데 토해내는 말이 점차 많아지니, 틀에 박힌 언어를 반복해 사용하는 수밖에 없다.

언어력을 키워야 하는 이유는, 나의 언어로 세상을 바라보고 나만의 방식으로 생각하고 표현하기 위해서다. 이 말을 뒤집으면 나의 언어가 없는 사람은 남의 언어로 바라보고 남의 방식으로 생각하고 표현할 수밖에 없다는 뜻이다. 남의 방식에 종속되어 살아갈 수밖에 없다는 의미이기도 하다. 나의 언어는 내 고유함, 내 독창성을 표현하는 무기다. 자기 언어를 자기만의 방식으로 사용하는 사람이야말로 세상을 자기 방식으로 바라보고 생각하는 사람이다.

"책이 서점의 신간 코너에 진열되어 있다."

이렇게 표현하는 사람에게 '책'은 팔아야 하는 상품이다. 그런데 어떤 이는 "책이 신간 코너에서 저마다의 방식으로 독자에게 잘 보이기 위해서 누워 있다." 라고 표현한다. 이 사람은 '책'을 독자를 유혹하는 작품으로 보았다. 상품으로서의 책은 점차 가치가 떨어지는 소모품이지만, 작품으로서의 책은 보면 볼수록 가치가 올라가는 소장품이다.

어떤 언어를 선택하느냐에 따라서 생각이 바뀌고, 우리는 실제로 그 생각대로 행동한다. 자기다움, 아름다움을 추구하는 사람은 자기만의 색깔을 드러내기 위해 어떤 언어를 쓸지 심사숙고한다. 그리고 고뇌에 고뇌를 거듭해 정련한 단어를 사용한다. 그렇지 않은 사람은 틀에 박힌 언어를 관성대로 사용한다. 진부한 생각을 가진 진부한 사람임을, 진부한 언어로 증명하는 것이다.

나는 내가 사용하는 언어다. '언어는 존재의 집'이라고 표현한 하이데거의 말처럼, 언어는 내가 세상을 바라보는 자세이자 태도이고, 그러므로 시선의 높이와 관점을 결정한다. 그뿐 아니라 사유하는 방식까지 결정한다. 언어를 잘 디자인하고 언어력을 갈고 다듬어야 하는 이유다.

언어적 관성에서 벗어나기

"우리가 직면한 문제들은, 그 문제들이 발생할 때 사용했던 사고방식으로는 해결할 수 없다." 아인슈타인의 명언이다. 이걸 언어로 바꿔도 통한다. "우리가 직면한 문제들은 그 문제들을 해결할 때 사용했던 언어로는 표현할 수 없다."

타성에 젖은 언어로는 이전과 다른 사유체계를 만들어낼 수 없다. 다양한 언어를 선택할 수 있는 사람은, 문제에 직면했을 때 그것을 해결하기 위해 다양한 사고법을 택할 수 있다. 예를 들어 '문제해결(problem solution)'과 '문제해소(problem resolution)'는 비슷한 개념처럼 보이지만 의미는 전혀 다르다. 문제해결은, 문제가 완벽하게 규명될 수 있고 해결될 수 있다는 과학적 신념을 반영한 개념이다. 이에 반해 문제해소는 좀 복잡하다. 문제해소는, 상황에 따라 문제에 대한 인식의 차이가 있을 뿐만 아니라, 거기에는 항상 이해관계자의 갈등이 내재해 있음을 전제로 한다. 그러므로 문제는 절대로 완벽하게 해명할 수 없고 해결할 수도 없는, '심리적 합의'의 이슈라고 생각하는 것이다.

전자의 문제해결 패러다임을 추종하는 사람들은 언제나 문제해결 과정에 더 정교한 과학적 방법을 적용하려 하지만, 후자의 문제해소를 지향하는 사람들은 심리적 갈등과 다양한 이해관계자의 합의를 중시한다. 비슷한 단어 같아도, 문제해결과 문제해소는 문제를 바라보는 '결'이 다르다.

언어는 습관이자 관성이다. 습관적인 단어만 사용하면 사고도 거기서 단절된다. 거듭 강조하지만, 언어가 바뀌지 않으면 사고도 바뀌지 않는다. 생각은 언어라는 다리를 건너야 비로소 세상으로 나오고 다른 사람에게 전달된다. 타성에 젖은 생각을 흔들어 깨우는 가장 강력한 방법은 사용하는 언어를 바꾸는 것이다.

언어는 생각을 담는 그릇이다. 그릇의 크기가 곧 생각의 크기이고, 그릇이 바뀌면 거기에 담는 생각도 달라진다. 언어가 풍부해지면 새로운 의미를 상상하고 창조하는 놀이를 즐길 수 있다. 나는 단순히 대학교수가 아니라 지식생태학자나 지식산부인과 의사로 살아갈 때 이전과 다른 상상력과 창의력이 발휘된다. 전복적인 언어는 기존의 구태의연한 사고까지도 전복시켜준다. 창조적 파괴를 일으키는 혁명의 촉진제인 셈이다.

당신만 아는 복잡하고 난해한 내용을 초등학생에게 쉬운 언어로 설명해본 적 있는가? 먼저 틀에 박힌 언어적 관성에서 벗어나야 한다. 상대방의 관점에서 이해의 틀을 제시해보면, 기존에 없었던 놀라운 지혜가 생긴다. 늘 부르는 이름이지만 어제와 다른 의미를 부여할 때, 익숙한 이름은 전혀 다른 부름을 받고 새로운 존재로 다시 태어난다.

8.

개념 없이 살면
안 되는 이유

사람들은 모두 같은 하늘 아래 사는 것 같지만
바라보고 있는 지평선은 모두 다르다.

작자 미상

(

코닥은 카메라에 넣는 필름을 만드는 회사였다. 필름 카메라 시절의 이야기다. 이 회사에 스티븐 새슨(Steven Sasson)이라는 엔지니어가 회사 앞마당 벤치에서 쉬고 있는데 마침 견학온 유치원생들이 물었다.

"아저씨, 여기가 어디예요?"

처음 듣는 질문이었지만 정성을 다해 대답했다.

"응, 여기는 필름 만드는 회사야."

그러자 다른 아이가 또 물었다.

"아저씨, 필름이 뭐예요?"

이제껏 한 번도 필름이 뭔지 생각해본 적 없던 그는 어떻게 설명하면 유치원생이 알아들을 수 있을까 잠시 고민했다. 고민 끝에 그는 이렇게 대답했다.

"필름은 그릇이야. 왜냐하면 세상의 모든 이미지를 다 담을 수 있으니까."

'이미지를 담는 그릇'이라고 재정의한 순간, 필름은 화학물질의 반응 같은 난해한 기술이 아니라 꿈, 희망, 기적을 담는 컨셉을 입었다. 잠깐의 고뇌로 자신만의 언어적 사유가 탄생했다.

비슷한 인생을 살아온 두 사람이 있다. A는 풍부한 어휘력이라는 비장의 무기로 자신의 체험을 돋보이게 설명하고 남을 설득할 수 있다. 반면 B는 A와 비슷한 체험을 했음에도 자신의 체험적 각성을 적확한 언어로 번역할 언어가 부실하다. 삶은 결국 언어를 매개로 재탄생한다. 예술적인 언어를 가진 사람의 삶은 예술작품이 되고, 평범한 언어를 가진 사람의 삶은 평범한 것이 된다. 아무리 독특한 경험과 나다움이 있어도 나만의 언어를 못 만나면 나만의 스토리도 없다.

스토리(story)가 축적되면 역사(history)가 되고, 역사는 결국 남과 비교할 수 없는 나의 길(way)을 만든다. 나의 길에는 나만의 문제의식과 사유가 존재한다. 언어를 공부하고 개념을 습득해 독창적인 방식으로 나다움을 드러낼 때, 나는 나만의 길, 나다운 길을 걸어갈 수 있다.

개념이라는 렌즈를 바꿔야
내가 보는 세상이 바뀐다

언어라는 다리를 건너야 생각이 밖으로 나올 수 있는데, 그 언어가 부실하거나 조악하면 다리가 없거나 끊어진 것이다. 새로운 언어는 사고혁명을 일으키는 원동력이자 새로운 창이다. 이전에 볼 수 없는 세계를 열어주기 때문이다. 창이 닫히면 세상을 볼 수 없는 것처럼 새로운 언어를 습득하지 않으면 새로운 세상을 볼 수 없다. 그렇게 되면 틀에 박힌 지루한 세계만 남는다.

새로운 생각은 새로운 생각의 재료가 융합될 때 탄생한다. 생각의 재료는 다름 아닌 개념이다. 아무리 위대한 생각이 있어도 그 생각을 표현하는 개념이 없으면 세상에 나오지 못한다. 마찬가지로 어렴풋하던 관념이 나의 의지와 집념을 만나면 서서히 신념으로 전환되는데, 가슴 속에 품은 신념을 표현하는 데도 개념이 필요하다.

개념이 없다면 신념은 세상으로 나오지 못한다. 남에게 전달할 수도 없다. 우리가 새로운 개념을 부단히 공부해야 하는 이유가 바로 그것이다. 개념은 생각의 원료이고, 식상한 재료로는 식상한 요리밖에 안 나온다. 당신의 신념을 타인에게 전달하고, 그들에게 믿음을 주고 싶은가? 그렇다면 당신의 문제의식과 위기의식을 담은 개념을 창조해야 한다.

개념은 체험을 통해 신념으로 거듭나고, 체험은 개념을 통해 비로소 세상 밖으로 나온다. 아무리 많은 체험을 해도 개념이 부족하면 내 몸 밖으로 나오지 못한다. 반대로 개념은 풍부하지만 체험이 부실하면 어떨까? 개념은 관념에 머무를 뿐 앞으로 나아가지 못한다. 어떤 경우, 일상적인 체험도 남다른 개념으로 전달하면 그 과정에서 나만의 독특한 신념이 생기기도 한다. 신념은 체험적 각성을 적확하게 담아내는 개념을 만날 때, 확신과 결단이 된다. 미지의 세계를 탐험하는 것도 중요하지만, 동시에 이전과 다른 언어적 사유를 해야 하는 이유가 바로 이것이다.

새로운 개념을 배우지 않으면 세상을 이해하고 표현하는 데도 발전이 없다. 1년 전에 썼던 개념을 지금도 똑같이 반복해서 쓰고 있다면, 나는 1년간 개념 없이 산 것이다. 개념 없이 살았다는 것은, 생각의 변화 없이 1년을 살았다는 뜻이다. 어제와 다른 방식으로 세상을 이해하려면 어제와 다른 개념을 가져야 한다. 새로운 개념을 공부하지 않는 사람은 청소년기에 습득한 개념으로 청년기를 살고, 청년기에 습득한 개념으로 중장년을 살아간다.

'내가 먹은 것이 곧 나다'라는 말처럼, 내가 습득한 개념이 곧 나다. 동일한 개념도 시간, 장소, 상황에 따라 달라진다. 다른 맥락에서 다른 의미로 쓰인다. 이것이 개념을 끊임없이 공부해야 하는 이유다. 우리는 개념이라는 렌즈로 세상을 바라보는데, 어떤 렌즈로 세상을 보느냐에 따라 눈앞에 전혀 다른 세상이 펼쳐진다.

개념은 저마다의 문제의식과 탄생의 배경을 가졌다. 특히 철학적 개념에는 그 개념을 창조한 사람의 문제의식이 녹아 있다. 자신의 철학적 사유의 핵심을 기존의 개념으로 파악할 수 없기에 새로운 개념을 창조한 것이다.

해상도 높은
언어를 가졌는가?

'닭고기'와 '치킨'은 같을까? 사전적 의미는 같다. 그런데 한국어냐 영어냐의 차이만 있다고 말할 수는 없다. 닭고기는 닭의 살코기를 의미하지만, 현대 한국인들에게 치킨은 '닭고기에 밀가루를 입혀서 굽거나 튀긴 요리'다. 그러므로 '닭고기 먹을래?'와 '치킨 먹을래?'는 상당히 다르다.

어휘력이 풍부하다는 이야기는, 내가 어떤 감정을 느낄 때 그것을 다양하게 표현할 선택지가 많다는 의미다. 예를 들면 뭔가를 볼 때, 보는 위치나 자세, 태도에 따라서 보는 방식도 달라진다. 어느 책을 보니 우리 말에 '보다'라는 말이 27가지나 있다고 한다.[25] 내다보다, 들여다보다, 넘어다보다, 넘겨다보다, 바라보다, 굽어보다, 쳐다보다, 도두보다, 우러러보다, 낮추어보다, 깔보다 등은 보는 위치에 따라 다른 '보다'다. 또 마음가짐에 따라서도 돌보다, 엿보다, 노려보다, 쏘아보다, 흘겨보다, 째려보다 등이 다르다. 그뿐 아니다. 거들떠보다, 훑어보다, 뜯어보다, 따져보다, 헤아려보다를 넘어, 마침내 알아보다, 꿰뚫어보다에 다다랐을 때 비로소 온전히 보았다고 말할 수 있다.

어휘력이 풍부한 사람과 그렇지 못한 사람의 차이는 표현력에 드러난다. 어휘력이 풍부한 사람은 같은 현상이나 사물을 보고도 감정을 '미적분'하듯 구체적으로 묘사하지만 그렇지 못한 사람은 같은 언어를 반복할 뿐이다. 우치다 타츠루의《소통하는 신체》[26]에서 "우리가 누군가의 신체 표현을 보고 '깊이가 있다, 미적인 감동을 받는다'고 할 때는 대개로 그 움직임의 '분할도' 또는 '해상도'가 치밀해서 그렇습니다."라는 말을 했다. '언어의 해상도'라는 개념을 만난 순간, 나는 글을 읽고 나서 떠오르는 이미지의 선명도가 연상됐다. 글을 읽고 나면 무슨 글을 읽었는지 이미지가 뿌연 글이 있고, 반대로 내가 마치 그곳에서 실제 경험한 것처럼 선명한 글이 있다. 그 차이가 바로 글쓴이의 명료한 개념, 다양한 어휘력에서 비롯된다.

요시모토 바나나는 소설 《안녕 시모키타자와》[27]에서 이렇게 말한다. "어렴풋이 알고 있는 것을 누군가 언어로 분명하게 말해주면 이렇듯 마음이 편안해진다." 경이로운 자연경관을 바라보면서 그 광경을 표현할 어휘가 부족해서 할 말을 잃는 경우가 있다. 우연히 먹어본 음식이 기가 막히게 맛있었는데, 마찬가지로 적절한 어휘가 없어서 그 맛을 제대로 표현하지 못할 때도 있다. 이처럼 살아가면서 마주치는 순간과 장면, 전경과 배경, 풍경과 광경에 대해 글을 쓰려고 할 때 생각만큼 쉽게 글로 옮겨지지 않는 것 역시 내가 가진 언어의 한계 때문이다.

다양한 경험을 해도 그 경험을 포착할 만한 적절한 개념이 없다면 그냥 알 것 같기도 하고 모를 것 같기도 하다. 훗날 기억도 잘 나지 않는다. 결국 색다른 경험이 계속 축적되어도 그 경험이 내포한 의미를 포착할 수 없다. 똑같은 곳에 여행을 다녀와도 어휘가 부족하고 미세한 개념적 차이를 구분하지 못하는 사람은 그저 "멋지더라", "즐거웠다" 정도밖에 표현하지 못하는 것이다. 그런 후기는 재미도 없고 감동도 없다. 이처럼 언어는 창이자 감옥이고, 세상을 바라보는 스크린이다. 내 생각은 언제나 언어라는 스크린으로 걸러진다.

언어의 속뜻을 공유할 때
공동의 집도 굳건해진다

　개념적 차이를 구분하지 못하거나, 아예 무슨 의미인지 모를 경우, 대화는 깊어질 수가 없다. 피상적인 대화만 이어가다 멈춘다. 심지어 오해도 발생한다. 모호한 개념으로 상대방을 이해시키려는 노력이 아닌, 짧지만 강력한 비트의 말로 마음을 움직이는 대화가 이루어질 때, 공동체는 튼실한 신뢰와 연대를 구축할 수 있다. 하지만 언제부터인지 '동행의 언어보다 동원의 언어만 남으면서' 공동체 내에서의 인간관계도 무너지고 있다.[28]

　여기서 말하는 '동행의 언어'는 상대를 배려하고 존중하는 마음으로 주고받는 언어다. 반면 '동원의 언어'는 상대보다 나를 내세우고, 상대의 치명적인 약점을 건드려 상처를 내려는 언어다. 동원의 언어는 같은 공동체 사람들이 쉽게, 즉흥적으로 받아들일 수 있는 자극적인 언어다. 하지만 동행의 언어는 타자를 따뜻하게 품기 위한 정감의 언어다. 문제는 동행의 언어보다 동원의 언어가 자주 구사되면서 공동체는 붕괴되고 인간관계는 피폐해진다는 사실이다.

언어는 공동체의 약속이다. 예를 들어 신호등의 빨간불은 멈추라는 의미다. 왜 하필 빨간불인지가 중요한 게 아니다. 공동체가 약속한 규칙이라는 점이 중요하다. 언어도 마찬가지다. 언어적 의미를 공유할 때 공동체는 더욱 굳건하게 결속된다. 특정 언어의 의미를 사회적으로 규정한 것이기 때문에 그 언어적 규정을 모르면 공동체에서 소통이 안 된다. 당연히 그 집단의 일원이 되기도 어렵다.

이처럼 빈약한 언어는 필연적으로 불통을 낳는다. 상대가 사용하는 개념을 이해하지 못하니 원활한 소통이 안 되고 오해가 쌓인다. 같은 언어도 다르게 해석한다. 그렇게 되면 언어를 매개로 더불어 살아가는 공동체를 구축하기 어렵다. 《고통은 나눌 수 있는가》를 쓴 사회학자 엄기호 소장은 "언어는 세계를 짓는 도구다. 우리는 (…) 말을 통해 의미 있는 관계를 맺으면서 그 안에 (…) 머무른다. 이것을 공동의 집, 세계라고 한다."라고 했다.[29] 공동의 집에서 의미심장한 대화가 자주 오가려면, 언어에 담긴 사회적·역사적 의미도 공유해야 한다.

공동체는 '함축적 의미'를 공유함으로써 관계와 연대를 더욱 공고하게 만들어나가는 집단이다. 사전적 의미(denotation)뿐 아니라 그 뒤의 함축적 의미(connotation)도 공유해야 한다는 뜻이다. 그러한 공유가 없다면 공동체는 구축되지 않는다. 이럴 때 더불어 살아가려는 동행의 언어는 사라지고 서로를 비난하고 힐난하는 시기·질투의 언어만 남는다.

인간사회를 좀 더 효과적으로 운영하기 위해 만든 것이 제도(制度)다. 그중 대표적인 것이 언어다. 관습, 도덕, 법률처럼 언어 역시 공동체의 약속이다. 그런데 모든 제도에는 양면성이 있다. 지나치게 옥죄는 제도는 융통성이 없고, 반대로 느슨한 제도는 무질서를 부른다. 언어도 마찬가지다.

우리는 사회가 합의한 언어적 규칙과 제도 안에서 살아간다. 언어는 내 생각을 남에게 전달하는 의사소통의 수단이기도 하지만, 그 이전에 내가 뭔가를 생각하고 인식하는 수단이다. 전자인 의사소통, 즉 '전달의 수단'일 때는 공동체가 합의한 양식에 따라야 하지만, 후자인 '인식의 수단'일 때는 반드시 누군가 정한 규칙이나 분류기준을 따를 필요가 없다. 창의적인 사람의 특징이 바로 이것이다. 사고의 도구, 인식의 도구로 사용할 때, 이들은 사회가 정한 제도적 약속에서 과감히 벗어난다.

개념이 부족한데
좋은 어른이 될 수 있을까?

"모험이 부족하면 좋은 어른이 될 수 없다."

일본 철도의 광고 카피다. 모험이야말로 어른으로 성장시키는 가장 확실한 보험이다. 그런데 아무리 많은 모험을 해도 그걸 표현할 언어가 부족하면 모험은 가치를 잃는다. 그래서 언어가 부족하면 좋은 어른이 될 수 없다. 언어의 품격이 나의 품격을 결정하기 때문이다. 그래서 일본 철도는 어른들에게 낯선 곳으로 모험을 떠나라고 추천한다.

개념도 마찬가지다. 개념이 부족하면 좋은 어른이 될 수 없다. 부족한 개념을 보충하는 방법은 문학작품이나 책을 다양하게 읽는 것이다. 이제껏 한 번도 읽어보지 못한 새로운 개념의 세계로 진입해야 한다. 늘 익숙한 개념에만 안주하며 살아갈 것인가? 프랑스 철학자 질 들뢰즈는 "개념은 인격"이라고 했다. 내가 사용하는 개념의 격이 곧 나의 인격이고, 내가 사용하는 개념의 한계가 곧 내 세계의 한계라는 뜻이다.

아이와 어른의 차이는 사용하는 개념의 차이이고, 어른의 가장 중요한 정체성은 '개념의 성숙'이다. 물론 나이와 비례하는 것은 아니다. 모든 어른이 개념적으로 성숙한 것도 아니고, 나이가 많다고 해서 개념과 인격이 저절로 갖춰지는 것도 아니다. 어른도 어른 나름이다.

살다 보면 수많은 개념이 우리에게 다가와 우연히 꽂힌다. 그 개념들은 성숙과 숙성을 거쳐야만 신념이 된다. 내가 의도적으로 포착해 의미를 부여하지 않으면 떠도는 관념은 그저 떠도는 관념에 그친다는 뜻이다. 어제와 다른 개념을 만나지 않으면, 오늘을 살고 미래를 지향해도 여전히 나의 세계는 과거에 머물러 있을 뿐이다.

소설가 배수아가 《당나귀들》[30]에서 사용한 표현을 빌리면 '언어의 틈새'를 메우려는 노력이 부단히 전개될 때 언어의 격이 한층 더 높아진다. 예를 들어, 경이로운 순간을 목격했지만 기존 언어로는 그 장관을 표현할 수 없을 때, 우리는 언어의 틈새를 발견한다. 이제껏 배운 언어로는 표현이 안 되는 감동이나 처절한 절망을 느낄 때, 기존의 언어로는 일상의 기적을 담아낼 수 없을 때, 언어의 틈새는 점차 벌어진다. 창의적인 사람들은 좌절하지 않고 그 틈새를 메울 새로운 언어를 찾아 나서거나 스스로 창조한다. 그렇게 언어의 틈새가 점점 좁혀지면, 그의 언어의 품격 역시 비약적으로 발전한다. 언어의 품격이 어제와 다르게 업그레이드될 때 사람의 품격 역시 다른 모습이 된다.

언어는 한순간도 멈추지 않는다. 누가 사용하느냐에 따라 천차만별의 모습으로 끊임없이 재탄생한다. 계속 움직이면서 상태가 바뀐다. 그래서 창의적인 사람은 한번 배운 언어도 시간과 장소, 사람에 따라 끊임없이 바꿔가며 동태적으로 활용한다. 사용하는 언어가 변함없다는 의미는, 내 사고혁명도 멈추었다는 뜻이다.

꼰대는 입력장치는 고장 났는데 출력장치만 살아 있는 사람이다. 꼰대의 언어는 늘 진부하고 과거형이다. 하지만 리더의 언어는 늘 새롭고 미래형이다. 동일한 언어도 어제와 다른 방식, 새로운 용법으로 사용하려고 노력하기 때문이다. 리더는 새로운 언어를 배우기 위해 안간힘을 쓴다. 언어를 배우고 습득하는 데투자한 시간과 에너지만큼 그의 언어의 격도 업그레이드된다.

뭔가 다른 어른은 오늘도 새로운 언어를 배우기 위해 어제와 다른 모험을 떠난다. 자신만의 성숙한 사고체계를 격이 다른 언어로 표현할 때, 우리는 그가 어른답다고 느낀다. 당연히 그가 미치는 영향력도 다르다. 세상에 육체적 어른은 많아도 정신적 어른이 드문 이유는, 그들이 구사하는 언어력의 차이 때문이다.

모두가 인정하는 자리에 앉아 있으면서도 눈살을 찌푸리게 하는 언어를 구사하는 어른이 많다. 미성숙한 말을 아무렇지도 않게 툭툭 내뱉는 어른은 어리석어 보인다. 뭔가 다른 어른은 일상적으로 사용하는 언어부터 다르다. 하지만 그들은 늘 어제와 다른 낯선 세계를 탐험하기 때문에 경이로운 순간을 만날 때마다 언어의 부족을 느낀다. 오늘 만난 언어의 틈새를 메우기 위해 내일의 나는 어떤 언어를 공부할 것인가? 여러분이 배우는 언어가 여러분을 삶의 주연 배우로 만들어줄 것이다.

Part 2.

죽기 전에
만들어야 할
7가지 개념사전

9.

"이 사전 하나가
세상을 위험에 빠뜨릴 수
있습니다."

달이 조류에 영향을 미치듯
언어는 겉으로 드러나지 않는 힘을 발휘한다.
리타 메이 브라운

언어의 격은 부단히 갈고 닦아야 높아진다. 이미 알고 있는 언어를 새로운 언어로 바꾸고, 이전과 다른 개념으로 재정의하는 다각적인 노력이 필요하다. '언격'을 높이는 가장 효과적인 방법은, 나만의 개념사전을 만드는 것이다. 이제부터 7가지 개념사전을 소개할 것이다. 기존의 개념을 나의 체험적 깨달음으로 재정의하는 신념사전, 세상을 바라보는 방식을 바꾸는 관점사전, 상상력을 키우기 위한 연상사전, 시인의 눈을 키우는 감성사전, 사유를 비약적으로 발전시키는 은유사전, 단어의 의미를 파고드는 어원사전, 인생을 행복하게 만들어주는 가치사전이 바로 그것이다.

다른 언어를 갖는 게
중요하다

한 사람이 이제까지 없던 내용과 방식으로 사전을 만들고 있었다. 이 사전이 세상에 나온다는 것 자체가 위험한 일이었다. 왜냐하면 이 사전은 다른 사전과 다르게 첫 번째 항목이 '신'이 아니라 알파벳 순서를 따라 'atmosphere'(대기)로 시작했기 때문이다. 어휘를 권위에 따라 배열하지 않고 알파벳 순서대로 평등하게 나열하겠다는 발상은 당시에는 상당히 위험한 것이었다.[31]

지금으로부터 약 200여 년 전만 해도 지식의 주도권은 생산자나 유포자에게 있었다. 이것을 사용자가 쥘 수 있도록 배려한 것은 역사적 사건이었다. 이 위험한 사전을 통해 위험한 생각을 세상에 퍼트린 주인공이 바로 프랑스 사상가인 드니 디드로다. 그는 《백과전서》 편찬에 중요한 역할을 했다.

그러나 오늘날 사전은 골동품 취급을 받는다. 더 심각한 문제는 사람들이 온라인 사전을 참고하더라도 거기에서 멈출 뿐, 그것을 바탕으로 자신만의 생각을 다듬어나가지 않는다는 것이다. 궁금한 단어는 바로 찾아보고 의미를 읽어볼 뿐, 깊이 생각하거나 따져보지 않는다. 새로운 단어를 꼭꼭 씹어 삼키지 않으면 사

유의 집은 고루한 과거 개념으로만 지어진다. 아름답지도 않고
튼튼하지도 않다.

앞서 말했듯이 사람의 사유체계를 짓는 재료는 개념이다. 개
념이 부실하면 사유도 부실해진다. 개념은 부단히 노력하지 않
으면 새롭게 습득할 수 없다. 또 남이 정의해놓은 의미를 그대로
답습해서는 새로운 생각을 창조하지 못한다. 이미 알고 있는 개
념도 나만의 방식으로 재정의하고, 낡은 개념은 끊임없이 새로
운 것으로 바꿔내야 한다. 그런 의미에서 사유의 집을 지으려면
먼저 나만의 개념사전을 필수로 갖추어야 한다.

메리엄 웹스터에서 20년 넘게 사전 작가이자 편집자로 일한
코리 스탬퍼는 사전을 만드는 과정에 대해 이렇게 이야기한다.
"단어의 잡초밭에 발이 감겨서 (…) 머리를 양손으로 감싼 채 뼈
가 으스러지도록 집중해야 하는 순간이 온다. 한 항목을 며칠째
들여다보고 있지만 어디서 실마리를 잡아야 할지 확신이 서지
않고, 어느 순간 제정신을 유지해주는 필라멘트가 쉬익 소리를
내면서 끊어지고 만다."[32]

이 정도의 노력은 못 기울이더라도 가끔은 내가 습관적으로
사용하는 단어 몇 개를 붙잡고 그것이 나에게 던져주는 의미를
반추해가면서 나만의 생각이 담긴 정의를 다시 내려보는 것은

어떨까? 그러한 끈질긴 노력이 새로운 생각을 만들어내는 사고 혁명으로 이어질 것이다.

처음 만난 사람이 어떤 사람인지 궁금하다면 그가 사용하는 언어를 살펴보면 된다. 한 사람의 언어는 삶 속에서 숙성된 사고를 반영한다. 마찬가지로 나 역시 내가 쓰는 언어 이상으로 타인에 대해 생각할 수도, 세계를 다르게 보거나 느낄 수도 없다. 또 언어가 없으면 타인과의 연결도, 세상과의 연결도 없다. 언어를 풍부하게 구사하는 사람은, 그만큼 다양한 다리로 세상과 연결된다.

국어사전은 위험하지 않지만, 국어사전의 단어를 재개념화하고 재정의한 개념사전은 위험하다. 만든 사람의 생각과 의도를 담아 기존의 뜻을 재정의했기 때문이다. 현실이 언어에 반영되기도 하지만, 때로는 언어가 현실을 만들기도 한다.

앞서 설명했듯이, 공동체의 언어는 개개인의 사고방식은 물론 집단적 사고와 규범도 결정한다. 사람과 사람, 사람과 세계를 연결하는 매개체를 넘어 그 자체로 하나의 삶의 양식이기 때문이다. 그저 약속한 기호에 불과한 것처럼 보여도, 언어는 우리의 삶을 꽉 쥐고 있다. 그래서 특히 일상적으로 사용하는 단어를 어떻게 다시 정의할 것인가는 굉장히 중요한 문제다. 단어의 정의가 바뀌면 삶을 바라보는 프레임이 바뀌고, 프레임이 바뀌면 비로소 생각의 혁명도 시작된다.

거듭 강조하지만 다른 언어를 갖는 게 중요하다. 언어가 달라지면 사고가 달라지고, 사고가 달라지면 그 사람의 인간관계, 더 나아가 삶 전체가 달라지기 때문이다. 그래서 자기만의 개념사전을 갖는 것은 위험한 일이 될 수도 있다.

책도 시간이 지나면 개정판을 내듯이, 사전(辭典)도 사전(死典)이 되지 않으려면 주기적으로 개정하고 증보해야 한다. 우리가 사람을 만나고 세상을 바라보는 일은 결국 언어를 매개로 한 사고활동이다. 일상적으로 사용하는 단어의 의미를 반추해보고 나의 체험적 느낌과 깨달음으로 재정의해보는 노력은 사고혁명의 중요한 시발점이다.

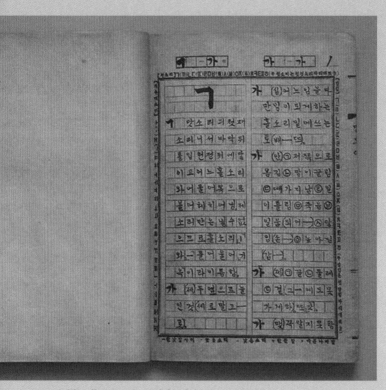

* 《말모이》(1920년대), 조선광문회(출처 : 국립한글박물관)

다른 언어를 갖는 게 중요하다. 언어가 달라지면 사고가 달라지고, 사고가 달라지면
그 사람의 인간관계, 더 나아가 삶 전체가 달라지기 때문이다. 그래서 자기만의
개념사전을 갖는 것은 위험한 일이 될 수도 있다.
책도 시간이 지나면 개정판을 내듯이, 사전(辭典)도 사전(死典)이 되지 않으려면
주기적으로 개정하고 증보해야 한다. 일상적으로 사용하는 단어의 의미를 반추해보고
나의 체험적 느낌과 깨달음으로 재정의해보는 노력은 사고혁명의 중요한 시발점이다.

한 단어, 한 단어 쌓아
한 권의 책을 만드는 일

세상에는 참으로 많은 사전이 있다. 가장 많은 것은 국어사전과 영어를 비롯한 어학사전일 것이다. 이러한 어학사전은 우리에게 많은 도움을 주지만, 색다른 사유를 낳는 위험한 사전은 아니다. 그저 일상적인 단어들의 일반적인 뜻풀이가 담겨 있을 뿐이다.

예를 들어 '나침반'이라는 단어를 국어사전에서 찾아보면 "항공, 항해 따위에 쓰는 지리적인 방향 지시 계기. 자침(磁針)이 남북을 가리키는 특성을 이용하여 만든다."라고 나온다. 나침반 하면 떠오르는 생각이나 이미지와 크게 다르지 않은, 일반적인 속성을 기술한 정의다. 이런 정의를 읽고 나침반에 대해 위험한 생각을 품을 가능성은 거의 없다.

그러나 나침반이라는 단어를 접하는 순간 나침반의 존재이유나 역할의 본질을 생각한다면 어떨까? 틀에 박힌 생각을 깨부술 수 있다. 예를 들어 서울대 배철현 교수는 "나침반은 여러 가지 평계를 앞세워 정상으로 향하는 길에서 이탈하려는 나를 일깨워줄 멘토"라고 했다.[33] 나침반이 멘토라는 정의는 아마 세계 최초

일 것이다.

위험한 생각의 DNA를 품은 나만의 개념사전이야말로 우리에게 꼭 필요한 사전이다. 당연하게 여겨온 세계에 물음표를 던지고 시비를 거는 생각은 위험하지만 꼭 필요하다. 사전(死前)에 꼭 한 번은 위험한 생각을 품은 사전(辭典)을 써보고 싶은가? 그런 강렬한 욕망을 가진 사람만이 자기만의 개념사전을 쓸 수 있다.

김춘수 시인의 '꽃'처럼 아무 의미 없던 꽃에 이름을 붙여주고

〔그림02〕 죽기 전에 꼭 써야 할 7가지 개념사전

의미를 부여했더니 나에게 색다른 꽃이 되었다. 개념도 마찬가지다. 나의 체험과 느낌을 근간으로 재정의하고, 사전적 의미를 넘어선 나만의 특별한 의미를 부여해야 한다. 그러면 세상이 다르게 보이고, 그게 바로 또 다른 사전이 필요한 이유다.

　세상의 통념을 있는 그대로 받아들이지 않고 의심해본 적 있는가? 질문해본 적 있는가? 나의 신념을 담아 재해석해본 적 있는가? 개념정의가 바뀌면 세상을 바라보는 관점도 바뀐다. 관점을 바꾸려면 먼저 언어 사용방식을 바꿔야 한다. 관점은 특정 단어와 단어가 연결되는 방식, 즉 연상에 따라서 바뀌기도 하니까 말이다. 알다시피 제임스 다이슨은 선풍기에는 반드시 날개가 있어야 한다는 통념에 "왜 꼭 그래야 해?" 하고 질문했고, 그에 대한 자신만의 대답으로 날개 없는 선풍기를 만들었다.

　물론 모든 개념에 신념을 담아 논리적으로 정의할 수는 없다. 몸으로 느낀 정황을 무도 언어로 정확하게 표현할 수 없는 것처럼 말이다. 이런 경우 개념사전은 몸이 느낀 감정을 가급적 있는 그대로 기술하면서 당시의 감정상태를 표현해야 한다. 또 개념사전은 어원을 파고들어 그 단어가 어떤 사연과 배경을 갖고 태어났는지 추적해본다. 어원을 추적하다 보면 개념의 뿌리가 생기고 쉽게 흔들리지 않는 신념이 된다. 마지막으로 나만의 색다름을 드러내기 위해 나를 대표하는 핵심가치를 찾아서 나만의 방식으로 정의하는 가치사전을 통해 내 삶의 의미와 가치를 드높일 수 있다.

'행복한 사전'이라는 영화로도 만들어진 미우라 시온의 소설 《배를 엮다》[34]는 사전 편집자들의 이야기다. 주인공들은 우리가 사용하는 단어들의 의미를 정의하고 그 용례를 실제 삶에서 수집한다. 수년 넘게 집념과 끈기로 사전을 만들어나가는 그들의 분투는 잔잔한 감동을 준다. 이제부터 소개할 '7가지 개념사전'에 대해 고민하며 논문도 쓰고 책도 쓰던 중에 만난 작품이어서 나에게도 특별하게 다가왔다. 검색중독증 환자들이 넘쳐나는 세상에 땀과 정성으로 얼룩진 종이사전을 만드는 일은, 그 자체로 이미 엄청난 시대적 반항이 아닌가? 시대의 흐름에 역행하는 사건이다. 하지만 '한 단어, 한 단어 차곡차곡 쌓아 한 권의 사전을 만들어내는 과정이 바로 인생 아닌가?' 하고 작가는 심심하고 느릿하게 묻는다.

말이란 삶 속에서 살아 숨 쉬고 때가 되면 죽는다. 때문에 사는 동안 말과 삶이 만들어가는 역동적인 세계를 포착해야 한다. 살아 숨 쉬는 말을 수집하고 싶다면, 시끌벅적한 시장이나 다양한 관점이 오가는 격정적인 토론회에 참석해보길 권한다. 단어와 욕망의 관계를 파헤치면 그 단어를 통해 어떤 문제의식을 드러내려 하는지, 지금 겪고 있는 결핍과 아픔이 무엇인지, 그래서 어떻게 해결하고 싶은지도 보인다. 새로운 개념을 창조하거나 재정의하려는 이유는 단순하다. 기존 개념이 불만족스럽고 불편해서다. 똑같은 단어라도 그 단어를 사용하는 사람의 의도와 목적에 따라 거기에 담긴 욕망이 다르다.

나만의 개념사전은 그 누구의 사전과도 비교할 수 없는, 나의 독창적인 색깔과 스타일이 담겨 있는 인생사전이다. 비교대상은 오로지 어제의 내가 만든 사전과 오늘 그리고 미래의 사전뿐이다. 당연히 한 번에 만들 수 없다. 부단히 갈고닦으며 업데이트해야 한다. 어제 정의한 개념도 오늘 다시 정의하고, 미래의 어느 날 또다시 수정하고 개선해야 한다. 세상을 바라보는 시각과 관점이 계속해서 변화하기 때문이다. 그래서 나만의 개념사전은 갈고닦은 만큼 눈부시게 빛날 수 있다.

세상에서 가장 행복한 사전은 남이 정의해놓은 사전이 아니라 내가 체험하고 느끼면서 정의해놓은 나만의 개념사전이 아닐까? 거기에는 내 삶의 흔적, 내가 겪은 우여곡절이 다 담겨 있다. 개념사전은 아무리 오리무중한 세상이라도 나만의 신념과 철학으로 올곧게 살아가기 위한, 어제와 다른 관점으로 세상을 보고 연상세계를 넓히려 노력하는 나만의 상상력 사전이다.

세상은
누가 해석하느냐에 따라 다르다

　일본을 대표하는 2개의 국어사전이 있다. 누계 약 2,000만 부가 팔린 야마다 선생의 《신메이카이 국어사전》과 누계 약 1,000만 부가 팔린 겐보 선생의 《산세이도 국어사전》이 그것이다. 기묘하게 두 사람은 도쿄대 동기였고, 한때 힘을 합쳐 같이 《메이카이 국어사전》을 펴냈던 좋은 친구 사이였다. 하지만 지금은 전혀 다른 성격의 국어사전을 내는 일본 사전 출판계의 두 거성이다. [35]

　두 사전은 어떻게 다를까? 《신메이카이 국어사전》은 주관적이면서 도발적인 의미를 비교적 구체적으로, 길게 풀이한다. 반면 《산세이도 국어사전》은 지극히 객관적이고 현대적인 의미를 비교적 단문으로, 단정적으로 정의한다. 전자는 국어사전에 대한 고정관념을 파괴하고 개념의 의미를 파격적으로 제시한다. 후자는 예상대로 국어사전다운 개념 정의를 내린다.

　예를 들어 후자는 '범인(凡人)'이라는 단어를 ①보통사람, ②하찮은 사람이라고 정의한다. 하지만 전자는 "스스로를 향상시키려는 노력을 게을리하거나 공명심을 갖고 있지 않거나 해서 다른 것에 대한 영향력이 전무한 채 일생을 마치는 사람 또는 가정제일주의에서 벗어날 수 없는 대다수 서민이라는 뜻"으로 정의한다. 전자의 의미로 살아가는 사람과 후자의 의미로 사는 사람은 전혀 다르다. 실제 사전에서도 누가 어떻게 해석하느냐에 따라 뜻이 이렇게 달라질 수 있다. 그런 의미에서 여러분이 직접쓴 '나만의 개념사전'은 내 삶을 어느 방향으로 밀고 갈 것인지를정확히 표현할 수 있다.

10.

신념을
구체적으로 담아라
: 신념사전

강한 신념이야말로
거짓보다 더 위험한 진리의 적이다.
니체

(

7가지 개념사전 중 첫 번째로 써야 할 사전은 신념사전이다. 간단히 말해 신념사전은 내가 옳다고 믿는 가치관이나 철학을 담은 사전이다. 누구나 사용하는 기존 개념에 나만의 신념을 담아 재정의하면 나만의 개념이 탄생한다. 그렇게 만들어진 신념사전은 나의 불만과 문제의식, 사유체계가 고스란히 담긴다. 일상적으로 사용하는 수많은 개념을 나만의 체험적 깨달음과 의미로 재정의했기 때문이다. 한마디로 나만의 특별한 의미를 집대성한 사전이다.

신념사전을 만들 때는 사전적 개념 정의가 옳은지 그른지를 따질 필요가 없다. 사전적 정의에 나의 체험적 통찰력과 신념을 입혀 재정의하는 것이기 때문이다. 어떤 단어가 어떤 상황에서 어떻게 쓰였는지, 그 단어를 쓸 때 내가 어떤 아픔과 슬픔, 기쁨과 즐거움을 느꼈는지, 그리고 몸소 깨달은 체험적 통찰은 무엇이었는지를 기록한다. 그래서 신념사전은 나만의 개성과 철학을 응축한 지극히 개인적인 사전이다. 기존의 개념을 재개념화 또는 재정의하기도 하지만 아예 새로운 개념을 창조하는 경우도 있다.

세상의 모든 개념에는 그 개념을 창조한 사람의 신념이 담겨있다. 일상을 살아가는 우리는 모두 자신이 알고 있는 개념으로 생각하고 말하며 글을 쓰고 행동한다. 그래서 생각과 말, 글, 행동을 바꾸려면 기존에 사용하던 개념도 교체하거나 새로 창조해야 한다. 개념을 바꾸면 익숙함도 낯섦이 되고, 당연한 세계도 당연하지 않은 세계가 된다.

살아오면서 만난 개념을 자신의 관점으로 재정의해보면, 그동안 간과했던 삶의 의미를 반추할 수 있다. 이제까지 남이 정의한 개념으로 세상을 바라보고 남들처럼 생각하며 살아왔다면 이제부터는 내가 다시 정의한 나의 개념으로 나답게 살 수 있다. 그것을 위한 기초공사가 바로 신념사전 쓰기다. 세상에 흩어져 떠도는 수많은 개념을 성찰하고 다시 음미하며 나의 철학과 신념을 반영해 재정의해보자. 사전이 내 삶이고 내 삶이 곧 사전이 되는 경험이 될 것이다.

예를 들어보자. 내가 지향하는 교육은 '교육'에 대한 나의 개념적 의미부여에 따라 달라진다. '교육'을 온실 속에서 화초를 재배하듯 속성으로 주어진 목표를 달성하는 과정으로 이해한다면 그것은 '사육'에 가깝다. 사육의 목적은, 좋은 대학에 입학해서 좋은 기업에 취업한 후 남들의 기대에 부응하며 사는 것이다. 하지만 내가 생각하는 '교육'은, 야생에서 자라는 잡초처럼 시련과 역경 속에서 스스로 삶의 목적과 의미를 찾아가는 경험이자 과정이다. 나는 이런 식으로 '교육'이라는 개념을 재개념화했다. 그러고 나니 이제까지와는 전혀 다른 가능성의 문이 열렸다.

내가 생각하는 교육은 '지금 여기'에서 '미래'로 건너가는 '육교 건설업'이다. 즉 교육은 지금 여기보다 나은 미래 세계로 연결하는 일종의 다리를 건설하는 일이다. 교육을 육교나 다리라고 정의할 때, 내가 하려는 교육은 지금 여기의 현실적 어려움을 극복하고 미지의 세계를 향한 호기심을 자극하는 일이 된다. 이처럼 내가 창조하는 개념대로 내가 원하는 세계가 열린다. 개념은 나의 신념이 담긴 생각의 양념이다. 내가 창조하고 싶은 미래가 있다면 거기에 맞는 새로운 개념을 창조해야 한다. 그렇지 않으면 새로운 미래는 열리지 않는다.

《언어유희 사전》[36]의 저자 김동주 작가는 "지식은 정돈된 무

식"이고 "지혜는 성공보다 실패에서 많이 얻는 슬기"라고 정의했
다. 작가의 신념을 반영한 개념정의인 셈이다. 지식은 책상에서
머리로 습득하지만, 지혜는 현장에서 몸으로 습득한다. 그래서
인공지능도 지식은 창조할 수 있지만 지혜는 창조할 수 없다. 또
지식을 아무리 많이 축적해도 지혜가 저절로 생기는 것은 아니
다. 지혜는 지식을 내 문제에 적용하면서 실패도 하고 시행착오
도 겪으면서 얻는 깨달음이자 깨우침이기 때문이다.

김동주 작가처럼, 사전적 정의를 자신의 체험이나 깨달음으로
재정의하거나 비판적 시각으로 숨겨진 의미를 파헤치는 노력이
바로 '재개념화'다. 똑같은 단어도 누가 언제 어디서 쓰느냐에 따
라 의도와 의미가 달라진다. 문제는 단어가 품고 있는 본래의 의
도를 왜곡해서 다른 목적으로 활용하는 경우다. 언어를 통해 특
정 이데올로기를 강제로 주입하려는 불순한 의도가 섞일 수 있
기 때문이다.

하루에 3개씩
나만의 정의를 써보자

　신념사전은 국어사전에 나오는 단어를 나의 주관적인 신념으로 다르게 정의하는 사전이다. 우리가 무의식중에 사용하는 수많은 단어에는 스스로가 옳다고 믿는 신념이 담겨 있다. 그가 쓰는 단어를 보면 그의 삶이 보인다. 꼬리에 꼬리를 물고 사전에서 단어의 정의를 찾아본 적이 있는가? 가령 국어사전에서 '사랑'을 찾아본다. "어떤 사람이나 존재를 몹시 아끼고 귀중히 여기는 마음"이라고 나온다. 그렇다면 '마음'은 무엇인지 궁금해진다. '마음'을 찾아보면 "사람이 다른 사람이나 사물에 대하여 감정이나 의지, 생각 따위를 느끼거나 일으키는 작용이나 태도"라고 나온다. 여기서 '마음'을 이해하려면 감정, 의지, 생각, 작용, 태도의 뜻을 알아야 한다. 그래서 감정, 의지, 생각 등을 사전에서 찾아보면 또 모르는 단어들이 나온다.

　그런데 신념사전은 좀 다르다. 신념사전은 기존 개념을 나의 신념을 반영해 재개념화하는 사전이라고 앞서 여러 번 설명했다. 먼저 남들이 자신의 신념을 담아 재정의하거나 재개념화한 사례들을 읽어보면 좋다. 그런 사례를 통해 다른 이들의 신념도 살펴보고, 나도 나만의 방식으로 재정의한 것들을 '비밀 개념노트'에 적어둔다. 국어사전의 정의와 어떤 차이가 있는지도 살펴본다.

개념은 진공관에서 탄생하는 게 아니다. 그 개념이 탄생할 수밖에 없는 시대적인 배경과 개인적인 사연이 수반된다. 신념사전에 수록되는 항목이 많아질수록, 나는 세상을 나의 신념에 맞춰 다시 보고 다르게 생각한 셈이다. 신념사전에 수록할 것이 없는 사람은 남이 정의한 개념대로 세상을 바라보고 생각하며 살아간다. 남이 정의한 개념대로 생각하거나 행동하는 것은 그 사람에게 속박되어 살아가는 것과 같다. 그러니 자신만의 신념사전을 가져야 하지 않겠는가? 내 생각, 내 신념대로 살기 위해서 말이다.

신념사전을 만드는 방법은 간단하다. 하루에 단어 3개만 정해서, 그것에 대해 생각해보고 나의 신념을 담아 재정의해보는 것이다. 예를 들어, 나는 이렇게 재정의해보았다.

용기 : 씩씩하고 굳센 기운. 또는 사물을 겁내지 아니하는 기개
▸ 내가 살아가는 삶을 어제와 다르게 바꿔 나가는 작은 발걸음

한계 : 사물이나 능력, 책임 따위가 실제 작용할 수 있는 범위

▸ 한계는 한 게 없는 사람의 핑계

열정 : 어떤 일에 열렬한 애정을 가지고 열중하는 마음

▸ 할 수 있다는 자신감과 될 수 있다는 가능성의 믿음 위에 피는 불꽃 같은 의지

독서 : 책을 읽음

▸ 메시지로 어루만져주는 애무나 책과 사랑에 빠지는 연애

하루에 1개씩이라도 신념사전을 적다 보면 자신이 얼마나 견고한 통념에 갇혀 사는지 깨달을 수 있다. 더불어 내가 어떤 신념을 가졌는지, 무엇을 좋아하는지도 명확해진다.

언어를 경작하는 개념의 텃밭은
어디에나 존재한다

철학자는 기존 개념으로 자신의 문제의식이나 해결책을 설명할 수 없는 난관에 봉착할 경우, 목숨을 걸고 자신만의 고유한 개념을 창조해낸다. 개념은 단순한 단어나 어휘가 아니라 한 사람이 평생에 걸쳐 고뇌한 사유의 흔적이자 사고의 결정체다. 철학자는 자신이 품은 철학적 문제를 해결하기 위해 끊임없이 새로운 개념을 창조하는 사람이다. 철학의 역사는 곧 개념창조의 역사다. 나에게 신선한 충격을 준 두 철학자의 색다른 개념을 소개한다.

하나는 철학자 리처드 로티가 저서 《우연성 아이러니 연대성》에서 소개한 '마지막 단어(Final Vocabulary)'라는 개념이다.[37] '마지막 단어'란 개인 혹은 집단이 최후까지 의지하는 신념어이자 평소에는 의식 아래에 있다가 삶이 흔들릴 때 표면 위로 솟아올라 죽음과도 맞바꿀 수 있는 결연한 한 단어다.

그리고 인류학자 레비스트로스는 《야생의 사고》[38]에서 새로운 전문가의 모습을 제시한다. 그가 제시하는 전문가는 '브리꼴레르'다. '브리꼴레르'는 자신이 가진 도구와 지식으로 다양한 실험과 모색을 통해 문제를 해결하는 역발상의 귀재이자 문제해결사의 전형이다. 브리꼴레르는 어떤 일을 하기 전에 반드시 계획을 세워서 행동해야 한다는 고정관념을 깬다. 임기응변으로 주어진 상황에서 문제해결의 실마리를 찾는 데 초점을 맞춘다. 체계적으로 행동하지 않고 주어진 여건을 수용하면서 상황에 따라 움직인다. 미래의 전문가는 책상에서 이성을 발휘하거나 지식을 축적하는 사람이 아니다. 오히려 몸을 던져 문제를 해결하는 가운데 체험적 깨달음으로 자신의 전문성으로 재해석하는 사람이다.

신문기사나 칼럼을 읽다가 기존의 개념을 다르게 사용하거나 해석한 글을 보면 나는 바로 스크랩해둔다. 주목할 부분에 밑줄을 치고 중요 내용을 나만의 비밀 노트에 메모한다. 그 주제에 관해 한 편의 글을 쓰기도 한다. 이런 과정을 거치면 산만하게 퍼져 있는 개념이 논리적 관계와 구속력을 확실히 갖는다. 그러면 나만의 개념사전에 새롭게 편입되는 것이다.

새로운 개념은 호기심이 많은 사람, 문제의식을 가지고 세상을 바라보는 사람에게만 포착된다. 똑같은 기사를 보고도 어떤 이는 거기서 많은 교훈을 얻지만 다른 이에게는 그저 떠다니는 정보 파편에 불과하다. 2020년 〈조선일보〉 신춘문예 시 부문 심사평을 쓴 문정희, 정호승 시인은 이렇게 말했다. "삶의 내용이 내포되지 않는 시의 언어는 그 의미를 잃는다. 의미를 잃고 형식만 남음으로써 소통이 불가능한 시가 많다는 것은 분명 한국 시의 위기다."[39] 이 글을 읽고 나는 시와 언어와 삶의 관계를 다시 생각해보았다. 삶을 반영하는 언어가 없으면 그 글은 공허한 글이 되겠구나 하는 배움을 얻었다.

고(故) 이어령 박사는 특유의 수사학적 재치로 우리말의 의미를 되새겨보게 만들었다. 이어령 박사는 21세기 아시아 중심의 새로운 지정학을 구축하려면 둘 중의 한 사람이 이기는 '동전 던지기식' 대결이 아니라 '가위바위보의 삼항순환' 구조로 나가야만 한다고 주장했다.[40] 보자기는 주먹을 이기고, 가위는 보자기를 이기고, 다시 주먹은 가위를 이기는 순환 구조에선 어느 한 사람이 독재할 수 없다. 이런 논리가 우리 말에 잘 녹아 있다.

여름밤에 '바람이 들어오게 창문을 열라'는 아버지와 '모기 들어오니 창문 닫아라' 하는 어머니 사이에서 어쩔 줄 모르던 아이가 선택한 전략은 방충망을 설치하는 것이다. 이런 전략을 양자택일(either-or)이 아니라 양자병합(both and)이라고 한다. 한쪽만 선택하는 것이 아니라 양쪽의 모순을 끌어안고 새로운 돌파구를 마련하는 것이다.

특히 우리 말에는 유난히 양극단을 끌어안는 언어가 많다. 전

세계 어느 나라 언어에도 없는 묘한 말들이다. 내버려둬, 들락날락, 오르락내리락, 보일락말락, 시원섭섭 같은 말이 그렇다. 양쪽 중 하나를 선택하지 않고 둘 다 끌어안는 양단불락(兩端不落)의 언어로, 소위 '임도 보고 뽕도 따고', '누이 좋고 매부 좋은' 같은 속담과도 일맥상통한다.

속담 속에서 언어가 어떤 의미를 갖는가를 살펴보면, '문화에 기생하는 언어'와 '언어에 기생하는 문화'의 상호구속적 관계가 보인다. 이러한 관계를 살피는 과정에서 역시 누군가는 고민이나 이슈를 해결하고 많은 것을 배운다.

11.

세상에 없는
나만의 관점을 가져라
: 관점사전

항상 무언가를
다른 관점에서 봐야 한다는 걸 상기하기 위해
난 책상에 올라선단다.
영화 '죽은 시인의 사회' 중에서

(

관점사전은 보편타당하게 쓸 수 있는 객관적인 사전이 아니다. 세상을 바라보는 나만의 관점과 식견을 담은 지극히 주관적인 사전이다. 그래서 관점사전은 역발상의 장이다. 똑같은 현상도 어떤 관점에서 바라보느냐에 따라 전혀 다른 생각을 불러오기 때문이다. 가령 '버스가 서는 곳'은 '버스를 타는 곳'으로, '지급해야 할 이자'가 아니라 '고객이 받을 이자'라고 관점을 바꿔보는 것이다.

관점을 바꾸려면 먼저 언어를 바꿔야 한다. 언어에는 필연적으로 인간의 의지와 의도가 담긴다. 쓰는 언어를 보면 그가 어떤 행동을 할지도 알 수 있다. 언어를 바꾸면 생각은 물론 행동도 바뀌는데, 관점의 전환 역시 언어의 전환에서 시작된다. 보통 사람들이 일반적으로 사용하는 개념에 다른 의미를 덧붙이거나 그

것을 새롭게 재정의하는 순간, 관점의 전환이 일어난다.

　선풍기의 사전적 정의는 '날개를 활용해서 필요한 바람을 일으키는 기계'다. 그러나 관점을 바꾸면 '모든 선풍기에는 날개가 있을 것'이라는 기존의 당연함이 부정된다. 당연함을 부정하고 새로운 질문을 던지면 생각이 바뀐다. 이 책의 공저자인 대한민국 유일의 관점 디자이너 박용후는 관점사전을 "같은 것을 다르게 보는 것"으로 정의한다. 그러면서 "본질을 다르게 풀어내지만 결국 본질은 같다."고 덧붙인다.

먼저 나는 누구인가를 재정의하라

　세상을 바라보는 시선, 즉 관점을 바꾸려면 내가 평소에 사용하는 개념의 정의도 바꾸어야 한다. 먼저 자신을 규정하는 네이밍(naming)부터 시작할 수 있다. 나는 《니체는 나체다》[41]에서 이름 석 자로 버티는 힘을 나력(裸力, naked strength)이라고 정의했다.

　소위 '명품' 브랜드는 누구나 이름만 들어도 안다. 그 브랜드의 의미와 가치가 이미 소비자들의 인식 속에 선명한 이미지로 자리 잡았기 때문이다. 예컨대 애플과 구글, 샤넬과 루이뷔통은 이름만으로도 사람의 마음을 사로잡는다. 사람도 마찬가지다. '유영만 한양대학교 교수'는 '한양대학교 교수'를 빼면 '유영만' 세 글자만 남는다. 세상 사람들은 '한양대학교 교수'를 뺀 '유영만'을 어떻게 기억할까? 잘 모르겠다. 나는 오랜 고민 끝에 '대학교수'보다는 '지식생태학자'라는 이름을 붙여 퍼스널 브랜딩을 하기 시작했다. 브랜딩(branding)의 첫걸음은 정체성의 핵심을 담은 네이밍이 아닌가?

어느 따뜻한 봄날 시각장애인이 "나는 맹인입니다. 도와주세요."라는 문구를 써놓고 구걸을 했다. 하지만 돈이 잘 모이지 않았다. 지나가던 한 여성이 문구를 다음과 같이 바꿔줬다.

"아름다운 날입니다. 하지만 저는 앞을 볼 수가 없네요."

그러자 마법처럼 사람들이 모여들더니 제법 많은 돈이 모이기 시작했다. '단어가 세계를 창조한(words create worlds)' 대표적인 사례다. 그 영상에 이런 문장이 나온다. '단어를 바꾸면, 세계가 바뀐다(Change the Words, Change the World)!'

나를 바꾸고 내가 원하는 답을 바꾸려면, 먼저 내가 사용하는 단어에 대한 관점을 바꿔야 한다. 그래야 내가 세상을 규정하는 관점과 방식도 바뀌니 말이다. 맹인의 관점에서 행인들에게 도움을 요청한 앞의 문장은, 동정심은 불러일으켜도 도움을 주는 행동까지는 연결시키지 못했다. 하지만 봄날의 아름다운 경치를 볼 수 없는 '안타까움'에 방점을 찍은 문장은 많은 사람에게 측은 지심과 공감을 불러일으켰다. 공감은 감동을 낳고, 감동은 행동을 낳는다. 단어를 사용하는 관점의 차이가 세상을 바꾸는 놀라운 다름을 낳았다.

비슷한 사례로, 고객의 불평불만을 다른 관점으로 바라보면 어떨까? 고객의 불평이 새로운 상품과 서비스를 탄생시킨 사례도 많다. '고객의 짜증은 우리가 미처 못 본 제품이나 서비스의 단점을 알려주는 고객의 기분'이라고 재해석한 사람이 있다. 대표적인 사례로 스크럽 대디(Scrub Daddy)의 창업자이자 CEO인 애론 크라우스(Aaron Krause)는 "수세미가 사각형이어서 잡기가 불편하다."는 고객의 짜증에서 힌트를 얻어 동그란 스펀지에 미소짓는 표정을 넣은 스마일 수세미를 개발해 대박을 냈다.

어쩌면 세상의 모든 혁신적인 상품은 고객의 불편, 불안, 불만을 측은지심으로 바라본 데서 태어난 게 아닐까? 고객의 불편, 불안, 불만을 바라보는 관점을 바꾸었기에 새로운 혁신과 가능성의 문을 열 수 있었다.

커뮤니케이션은 '서로의 의도를 읽는 것'이다. 단어의 사전적 의미를 그대로 받아들이기보다 타인의 관점에서 새롭게 정의해 보는 노력이 중요하다. '누가, 어떻게, 어떤 방식으로 단어를 정의하는가?' 바로 거기에 기회가 숨어 있다. 관점을 바꿔 재정의하고 재해석하면, 이제까지 보이지 않던 것이 보인다.

스티브 잡스는 회사를 운영하는 법을 어떻게 배웠을까? 그는 끊임없이 "왜 그 일을 해야 하는가? 왜 이렇게 해야 하는가?"라는 질문을 던졌다. 그래서 고객이 불편해하고 짜증 내는 것들을 끊임없이 개선해냈다. 꼬리에 꼬리를 문 질문의 답을 끝까지 찾았다. 그 문제의 본질이 해결될 때까지 끈질기게 말이다.

단어는
욕망을 나르는 매개체

'관점'이란 무엇일까? 관점은 '관심'을 갖고 '관찰'해서 생기는 '관능(官能)'이다. 관능은 생물이 살아가는 데 필요한 모든 감각기관의 기능이다. 그런데 언제부터인가 그 기능이 관성의 흐름에 따라 틀에 박힌 방식으로만 돌아간다. 관능이 그저 그런 기능으로 전락하지 않고, 세상 사람을 유혹하는 매혹적인 재능으로 재탄생하려면 어떻게 해야 할까? '질문'이 필요하다. 사람들이 어떤 대상에 관심을 갖고 새로운 세상으로 발을 내딛게 만드는 질문 말이다.

좋은 질문이 시작되면 자기만의 관점이 서서히 깨어난다. 그 생각의 결과로 나온 나만의 색깔, 나만의 관점은 세상에 대한 경계심을 무너뜨리는 관능으로 승화하고 발전한다. 관점 디자이너의 관능은, 기능을 넘어서고 재능을 능가하며 예능을 초월한다. 세상을 다르게 보는 방법 중 하나는 본질에 더 가깝게 다가서는 좋은 질문을 던지는 것이다. 그 질문은 핵심을 파고들어 남이 만든 수많은 개념을 나의 관점으로 재정의하도록 돕는다.

세상은 내가 정의하지 않으면 남이 내린 정의에 갇혀 살 수밖에 없다. 내가 내린 나의 정의는 내 사고의 핵심이 고스란히 담겨 있다. 나의 정의를 보면 내가 세상을 어떤 관점으로 바라보는지 알 수 있다. 단어는 아무 목적의식 없이 표류하지 않는다. 반드시 그 단어를 창조한 사람 혹은 사용하는 사람의 문제의식과 목적의식이 포함된다. 그래서 단어는 사람의 생각을 담고 욕망을 실어나르는 매개체다.

"단어의 의미를 알고 싶다는 것은, 누군가의 마음을 알고 싶다는 뜻이죠. 그건 타인과 연결되고 싶다는 욕망이 아닐까요?" 앞에서 소개한 영화 '행복한 사전'의 대사다. 특정 단어를 통해 무엇을 전달할지는, 각자의 욕망이 결정한다. 가령 똑같은 '사랑'이라는 단어도 각자가 느끼는 온도와 밀도와 질감에 따라 다른 의미를 가질 수밖에 없다.

2009년 노벨문학상을 수상한 루마니아 소설가 헤르타 뮐러는 노벨상 수상연설에서 이런 말을 했다. "나는 죽음의 공포에 삶의 욕구로 반응했습니다. 삶의 욕구는 낱말의 욕구였습니다. 오직 낱말의 소용돌이만이 내 상태를 표현할 수 있었습니다."[42] 고단한 삶을 살아가는 사람이 쓰는 단어에는 그의 힘든 삶이 고스란히 녹아 있다. 비록 어휘의 개수가 조금 부족할지라도 매 순간 사투를 벌이는 고단함은 그들이 주고받는 단어에 고스란히 담긴다.

흐름을 바꾸는 사람들의 공통점

죽은 물고기는 물의 흐름대로 떠내려가지만 살아 있는 물고기는 급류를 거슬러 올라간다. 강풍에 맞서 자신의 목적지로 날아가는 새는 살아 있는 새고, 강풍에 휩쓸려 날아가는 새는 죽은 새다. 사람도 다르지 않다. 그저 흐름에 몸을 맡기고 따라가는 사람은 관성대로, 습관대로 살고, 반대로 흐름을 읽어내고 변화를 감지하는 사람은 그 속에서 새로운 관성과 습관을 만들어낸다. 성공한 사람, 위대한 성취를 이룬 사람은 대부분 후자다. 습관대로 사는 전자는 틀에 박힌 언어를 답습한다. 반면 새로 창조하는 후자는 뻔해 보이는 언어도 자기만의 방식으로 재창조하거나 재정의한다. 언어는 사고를 규제하고 관점을 규정하기 때문이다.

예를 들어 극장 입구에 있는 '티켓 오피스(ticket office)'를 한국어로 어떻게 쓸 것인가? 고객이 표를 사는 곳이니까 '살 매(買)' 자를 써서 매표소(買票所)라고 할 것인가? 극장 입장에서는 표를 파는 곳이니까 '팔 매(賣)' 자를 써 매표소(賣票所)라고 할 것인가? 이것이 바로 관점의 차이다.

관점 디자이너는 습관의 물길이 향하는 곳에 존재하는 질문을 찾아낸다. 습관대로 사는 사람과 습관을 바꾸거나 새로 만드는 사람 중 어떤 사람으로 살고 싶은가? 관점사전은 후자로 살기 위한 최소한의 준비운동이다. 기존의 흐름과 반대되는 관점 혹은 다른 각도의 관점을 갖도록 나 자신을 깨우는 작업이기 때문이다. 늘 깨어 있어야만 휩쓸려가지 않고 흐름을 주도한다.

관점사전은 습관적으로 사용하는 단어를 재정의함으로써 관성을 깬다. 우리가 사용하는 단어에는 우리의 입장과 의도, 욕망이 고스란히 나타난다. '표 파는 곳'을 의미하는 매표소(賣票所)는 파는 사람의 욕망이 드러난다. 고객이라면 이런 개념에 의문을 품고 질문해야 한다. "나는 표를 사러 왔는데, 왜 여기는 '표 사는 곳'이 아니고 '표 파는 곳'인가?"

이처럼 관점사전을 쓴다는 것은, 나를 지배하고 있는 일상의 모든 단어, 개념을 되돌아보고 나의 관점에서 재정의하는 일이다. 나만의 방식으로 세상을 독특하게 바라보기 위한 사고의 준비운동이다. 앞에서 살펴본 신념사전이 기존 개념에 내 신념을 반영하는 것이라면, 관점사전은 기존 개념을 나의 관점 혹은 다른 이의 관점으로 바꿔서 재정의하는 것이다.

또 신념사전이 나의 주관적 가치판단을 따른다면, 관점사전은 개념이 적용되는 당사자의 관점을 따른다. 새로운 각도와 방향에서 다르게 보는 훈련을 하다 보면 이제까지 놓치고 살았던 이면이나 작은 디테일까지 선명하게 보일 것이다.

가장 먼저 실천해볼 만한 것이, 업의 본질을 재정의하는 것이다. 이것은 나만의 관점사전에 적을 첫 번째 항목이다. 예를 들어 가정에서 아내가 하는 일을 최고재무책임자(CFO, Chief Finance Officer)로 정의하면, 그 순간부터 아내는 가족이나 가정에 대해 생각할 때 재무적인 문제를 최우선으로 둘 것이다. 경제적 안정을 위해 투자나 저축은 어떻게 할지, 주거형태는 어떻게 할지를 고민한다.

한편, 아내의 업의 본질을 최고행복책임자(CHO, Chief Happiness Officer)로 정의하면 어떨까? 아내는 '어떻게 하면 우리 집을 최고로 행복하게 만들까?'를 고민하고 그에 따른 여러 실천사항을 하나씩 시도해볼 것이다. 가족의 행복한 삶을 위해 자신이 어떤 역할을 해야 하는지 생각하면서 말이다.

여러분이 하는 일은 무엇인가? 업의 본질을 근본부터 다시 생각하고 재정의해보자. 앞에서도 말했듯이 유영만을 한양대학교 교수라고 정의하는 관점과 지식생태학자로 정의하는 관점은 천양지차다. 대학교수 유영만은 수많은 대학교수 중 한 사람이다. 대학생을 가르치는 수업과 전공 분야 연구를 하고 논문을 쓰는 일이 주업이다. 하지만 지식생태학자 유영만은 생태계의 모든 생명체가 살아가는 방식을 관찰하고, 그들에게서 배운 생존원리를 활용해 지식이 자연스럽게 창조되고 공유되는 '지식의 정원'을 설계하는 '지식 디자이너(knowledge designer)'다.

또 다른 관점에서 지식생태학자는 생태계의 모든 생명체를 스승으로 모시고 배우며 얻은 신선한 생각 재료를 토대로 (사람들이 재미있게 공부하며 의미 있게 습득할 수 있는) 건강한 지식을 요리하는

'지식 요리사(knowledge chef)'다. 대학교수 유영만과는 전혀 다른 사람으로 느껴지지 않는가?

작가들의 통찰과
광고 카피의 재치를 훔쳐라

작가는 남들이 관심을 기울이지 않는 평범한 것을 낯설게 보고, 거기에서 받은 느낌이나 생각을 쓰는 사람이다. 에세이스트는 사람들이 익숙하다고 생각해서 주목하지 않는 사물이나 현상을 색다른 시선으로 바라본 결과를 글로 쓴다. 예를 들어 문학평론가 고(故) 황현산 교수의 《밤이 선생이다》[43], 《황현산의 사소한 부탁》[44] 등을 보며 나는 '몸으로 체득한 밑바닥 진실', '문학적 시간'의 개념을 배우고 깊이 공감했다. 또 역사학자 시어도어 젤딘의 《인생의 발견》에서 '기억'에 대한 저자 특유의 통찰에 감탄했다. 부연하면, 과거의 기억이 부실할수록 미래에 대한 상상력도 부실해질 수 있다는 내용이다.[45] 이처럼 작가들은 일상에서 거둔 소소한 각성 체험을 자기만의 언어로 해석하고 거기에 의미를 부여해 생각의 너비와 깊이를 확장시킨다.

나는 지나가다 우연히 만나는 가게 간판을 보며 종종 발길을 멈춘다. '가게'는 마음이 '가게' 만들어야 한다. 그래야 사람을 많이 오게 할 수 있으니까 말이다. 홍대에 '肉값하네'라는 고깃집이 있다. 비속하게 표현하는 '육갑하네'의 육 자를 고기 '육(肉)'으로 바꿔 '고깃값 할 정도로 맛난 집'임을 알려준다. 재치 있는 네이밍이다. '나이스 투 미트 유(nice to meat you)'라는 고깃집은 만나다의 'meet'를 고기의 'meat'로 바꿨다. meet와 meat의 차이점을 순식간에 알아보게 만든 재미있는 발상이다.

그 외에도 '수(秀)컷', '깎을래뽀끌래', '버르장머리' 같은 미용실 이름은 우리말의 묘미를 잘 살렸다. '이태리 면사무소'는 이탈리아 음식점이고, 밤이 짧을 정도로 즐거운 만남이 이루어진다는 뜻의 '야단법석(夜短法席)'은 카페다. 정직과 믿음을 파는 '바르다 김선생'은 김밥집이고, 음식주문 앱은 '배달의민족', 영화 '적과의 동침'을 패러디한 '족과의 동침'은 족발집이다. 우리말을 자유자재로 바꿔서 사용하면서 재미를 선사한 네이밍이다.

빵집 '브레드 피트(Bread Fit)', 만둣집 '놀랄만두하군', '만두벌판', 스키 장비를 빌려주는 '이노무스키', 뼈다귀해장국을 파는 '뼈대 있는 집', 양곱창집 '의기양양'도 재미있다. 또 치킨집 이름도 특이한 것이 많은데, 코스닥을 패러디한 '코스닭', 다큐멘터리를 차용한 '닭큐멘터리', 영화 제목에서 힌트를 얻은 '닭터지바고' 등이다. 속옷가게 '보일랑말랑'은 무엇을 파는지를 각인시키는 재치만점 이름이다. 가게 이름을 유심히 살펴보면서 순우리말이나 영어를 어떻게 섞고 패러디했는지 익혀보자. 어휘력은 물론 문장력까지 좋아질 것이다.

그리고 일상에서 접하는 광고 카피에서도 개념의 힘을 습득할 수 있다. "치킨은 살 안 쪄요. 살은 내가 쪄요." '배민신춘문예'에 배달의민족 고객이 응모한 명카피다. 과거에 ACE 침대는 "침대는 가구가 아니다. 침대는 과학이다."라는 카피로 회자되었는데, 요즘은 "침대는 가구가 아니다. 침대는 에이스다."로 바꾸었다. 당시 '침대는 가구'라는 고정관념을 파괴해 소비자에게 강렬한 인상을 주었다. 여기서 배워야 할 것은 침대라는 보통명사를 과학으로 재개념화시킨 발상이다.

고깃집 간판의 글귀 "사는 건 어차피 고기서 고기다.", 생맥줏집 간판의 "그 자식 씹고 싶을 때 노가리"는 인생사 희로애락과 어렵고 힘든 일을 같이 풀어보자는 위로가 담겨 있다. '망각을 줄이고 추억을 늘리는 방법'을 카피로 한 수첩광고, '마흔은 두 번째 스무 살'이라는 백화점 광고에도 독특한 관점이 엿보인다.

"한 잔의 커피는 한 번의 여행입니다."는 맥심 커피 광고다. 커피를 여행이라고 은유했다. "손에서는 안 녹고 입안에서만 녹아요."라는 M&M 초콜릿 광고는 운율을 잘 살렸다. 이처럼 우리의 일상은 언어를 요리해서 사고력을 향상시키려는 사람에게 배움의 천국이다. 주의 깊게 관찰하고 의미를 되새겨보자. 재미와 의미를 동시에 전달하는 개념사용법을 익힐 수 있다.

단어 뒤집기는 생각의 물구나무서기

역경(逆境)을 뒤집으면 경력(經歷)이다. 한글을 뒤집어 보면 한자의 의미는 다르지만 색다른 깨달음을 준다. 세상의 모든 아름다운 경력은 견디기 힘든 역경을 이겨낸 사람들이 가진 경쟁력이다. 남다른 경력을 가지려면 남다른 역경을 뚫고 나와야 한다는 말이다. 남다른 경력은 견디기 어려운 역경이 낳은 자식인 셈이다.

생일(生日)을 뒤집어보니 일생(一生)이다. 생일을 다시 정의해 보면 일생일대의 가장 의미 있는 날이다. 단순히 한 생명이 세상에 태어났다는 물리적 탄생만이 아니다. 유일무이한 생명체가 세상으로 나와 새로운 세상을 열었다는 상징적인 출생도 의미한다. 그래서 사람들은 생일날 일생일대의 추억을 남기기 위해 아름다운 일탈을 추구하는 것 아닐까?

나이가 들면 생일을 생신(生辰)이라고 높여 부른다. '생일'을 뒤집어 '일생'이라는 말을 만들었듯이 '생신(生辰)'을 뒤집은 신생(新生)의 의미를 생각해본다. '생신(生辰)'은 '생신(生新)'으로 해석할 수도 있다. 그 '생신(生新)'을 뒤집어 생신을 맞이하는 날을 신생아(新生兒)로 돌아가 새로운 눈으로 세상을 바라보는 날로 해석하면 어떨까?

삶(Live)을 대강 살아가려는 나태함이 생기면 'Live'를 뒤집어보자. 'Live'가 뒤집히면 '악' 소리 나는 '악(Evil)'이 된다. 우연의 일치인지는 모르지만 평범한 단어도 뒤집어서 그 의미를 파고들면 원래의 의미도 새로워진다.

'성실(誠實)'하지 않으면 '실성(失性)'하고, '지금' 하지 않으면 '금지(禁止)'되며, '실상(實狀)'을 제대로 파악하지 않으면 '상실(喪失)'의 아픔을 겪는다. '체육(體育)'으로 몸을 단련하지 않으면 '육체(肉體)'를 잃고, '관습(慣習)'을 타파하지 않으면 나쁜 '습관(習慣)'에 얽매여 산다. '작가(作家)' 기질을 보여주지 않으면 '가작(佳作)'도 탄생할 수 없고, '일생(一生)'을 목숨 걸고 살지 않으면 '생일(生日)' 조차 맞이할 수 없다.

'교육(教育)'을 똑바로 하지 않으면 미래로 향하는 '육교(陸橋)'

조차 건설하지 못하며, '굴비'에게도 배우려는 자세를 갖지 않으면 '비굴(卑屈)'하게 산다. '세상(世上)'을 똑바로 살지 않으면 '상세(詳細)'하게 목표를 설정하지 못하며, '사상(思想)'을 똑바로 세우지 않으면 '상사(上司)'조차도 되지 못한다. '사고(思考)'하지 않으면 '고사(枯死)'당하고, '등대(燈臺)'를 찾는 노력을 포기하면 남들과 '대등(對等)'한 입장에서 세상을 살아가기 어렵다.

세상의 소음을 '단절(斷絶)'하지 않으면 인생이 '절단(絶斷)'날 수 있으며, '성품(性品)'을 곱게 가꾸지 않으면 '품성(品性)'마저 망가진다. '스트레스받다'라는 뜻의 'stressed'를 뒤집으면 후식인 'desserts'가 되며, 존경하는 마음으로 '대접(待接)'하지 않으면 불온한 의도가 숨어 있는 '접대(接待)'가 된다.

'책상(册床)'에서 진득하게 공부하는 시간을 마련하지 않으면 '상책(上策)'은 떠오르지 않고 '용기(勇氣)' 내어 과감하게 행동하지 않으면 그 어디에도 '기용(起用)'되지 못한다. '문인(文人)'들의 세계를 파고들지 않으면 '인문(人文)'의 세계로 진입할 수 없으며, '성숙(成熟)'의 시간을 의도적으로 마련하지 않으면 절대로 '숙성(熟成)'되지 않는다. '수고(手鼓)'하지 않으면 '고수(高手)'가 되지 못하며, '변주(變奏)'하는 즐거움을 맛보지 못하면 '주변(周邊)'에서 영원히 서성거린다.

'가치'는 '같이' 할 때 배가(倍加)된다. '가치'와 '같이'는 둘 다 '가치'로 읽힌다. 진정한 의미의 '가치'는 거기에 담긴 의미와 의도를 다른 사람과 '같이' 나누고 공감할 때 배가된다. '가치'를 드높이기 위한 방법으로 발음이 같은 '같이'를 활용해 라임을 맞춰보자.

전문가는 '깊이' 파서 한 분야의 경지에 오른 사람이다. 그런데 '깊이'만 파다가 자기가 판 우물에 매몰되면 결국 다른 사람들에게 '기피'의 대상이 된다. '깊이'와 '기피'가 둘 다 '기피'로 읽혀 연결해본 문장이다. 마찬가지로 '바다'가 바다인 이유는 모든 물을 다 '받아'주기 때문이다. 다 '받아'주기 위해서는 '바다'처럼 세상에서 가장 낮은 곳에 있어야 한다는 교훈적인 메시지를 줄 수 있다.

'같은 것을 다르게' 보는 능력,   어떻게 기를까?

세상에는 세상의 흐름이 만들어낸 관성대로 살아가는 사람과 성
공을 위한 자신만의 관성을 만드는 사람으로 나뉜다. 세상의 관성
대로 흘러가는 사람과 나만의 관성을 만들어 새로운 흐름을 만드
는 사람이다. 다시 말해 세상이 바뀌고 난 다음에 변화를 아는 사람
과 바뀌는 과정에서 그것을 감각적으로 느끼는 사람의 차이다. 흐
름을 느끼지 못한 채 그 흐름에 그냥 휩쓸려갈 것인가, 멈추어 서서
흐름을 만들어내 성공할 것인가?

네이밍을 전문용어로 콜링(calling)이라고 한다. 콜링은 우리말
로 '소명'이다. 자신의 존재이유를 깨닫고 신성한 목적이 이끄는 대
로 나를 다시 포지셔닝할 때 '소명'은 다시 '사명'으로 불타오른다.
"당신은 뭐 하는 사람입니까?"라는 질문에 세계적인 향수 개발자
크리스토프 로다미엘은 자신이 하는 일을 "나는 공간에 부유하는

공기 입자에 감정을 입혀 재조각하는 일"이라고 재정의했다. 그는 다른 표현으로 "향기 음반으로 향기를 작곡하는 향기 작곡가"라고 본인의 업의 본질을 표현했다. '향수개발자'라는 이름과 '향기 작곡가'라는 이름에는 헤아릴 수 없는 소명의 차이가 존재한다.

마케팅이란, 고객의 관점을 바꾸어 서비스나 제품을 가치 있게 해석되게 만드는 것이다. 창의성은 당연함에 던지는 "왜?"이고, 진정한 신제품은 고객이 새롭다고 느끼는 제품이다. 한 방향으로 진행하는 '진보'와 끊임없이 변화하는 '진화'는 다르다. 배려가 없고 진심도 없는 '막해팅'과 배려가 배어 있으면서 진심으로 제품과 서비스의 가치를 알리는 '마케팅' 역시 같을 리 없다.

12.

창의는
연결이다
: 연상사전

창의성은 사물과 사물을 연결하는 것이다.

스티브 잡스

（

　스티브 잡스는 "창의성은 사물과 사물을 연결하는 것이다
(Creativity is just connecting things)."라고 정의했다. 창의성은 결
국 직·간접적으로 경험한 모든 것을 이전과 다른 방식으로 연결
하는 상상력이다. 그러니 창의성이 발휘되려면 우선 재료가 될
2가지 이상의 무언가를 내면에 축적해야 한다. 내면의 데이터베
이스에 재료가 풍부하게 쌓여 있는 사람은 그만큼 다양한 연결
이 가능하다. 연상사전 쓰기는 이제까지 살면서 얻은 직·간접적
체험과 경험을 서로 연결해보는 훈련이다. 상상력 발휘의 준비
운동인 셈이다.

　그렇다면 연상사전은 왜 중요할까? 어제와 다른 상상력을 발
휘하려면 어제와 다른 연결의 사유가 필요하기 때문이다. 연상
의 세계가 진부하면 상상력도 뻔하다. 연상의 수준이 곧 창의력

의 수준이다. 모든 상상은 발상이 아니라 연상이다. 창의성은 하늘 아래 완전히 새로운 것을 만드는 게 아니기 때문이다. 스티브 잡스의 말처럼 낯설고 새로운 것들을 이렇게 이어붙이고 저렇게 연결해보는 힘이 바로 창의성이다.

철판과 보름달

모든 생각은 연상이다. '아파트'라고 하면 어떤 사람은 가수 윤수일의 노래 '아파트'가 떠오를 것이고, 또 어떤 사람은 평수, 위치, 시세 등이 연상될 것이다. 머릿속에 연상되는 이미지나 개념이 바로 그 단어에 관한 그 사람의 생각이다. 나는 '아파트'라는 단어를 들으면 건설현장에서 일하는 노동자들의 땀 흘리는 모습이 연상된다. 학비를 벌기 위해 한때 아파트 건설현장에서 벽돌을 날랐다. 그 경험 덕분에 '아파트'라는 단어와 내 몸이 느낀 체험적 깨달음이 자동으로 연결되었다. 내 몸이 경험한 아파트는 땀 흘리는 노동의 현장이다.

체험의 깊이와 너비가 연상의 수준과 스펙트럼이다. 연상의 수준은 곧 체험적 상상으로 결정된다. 그러니 체험적 상상은 공상도 허상도, 망상도 몽상도 아니다. 어느 순간 구체적으로 삶을 변화시킬 수 있는 돌파력 혹은 불굴의 의지로 작동한다. 체험적 상상을 이렇게 붙이고 저렇게 합치는 순간, 내면에서 위대한 창조가 시작되기 때문이다.

'막걸리' 하면 무엇이 떠오르는가? '파전', '비 오는 날', '등산'이라고 말하는 사람이 있다. 그는 비 오는 날 혹은 등산을 마치고 파전을 안주로 막걸리를 마셔보았을 것이다. 그 경험이 유일하다면, 막걸리에 대한 연상이 그 이상 확장되거나 심화될 가능성이 없다. 글을 쓰고 싶어도 자신이 체험한 이상은 쓸 수 없다. 막걸리를 마시면서 안주로 스테이크나 아이스크림을 먹어본 사람은 독특한 상상력이 생긴다(보통은 그렇게 먹지 않으니까). 이처럼 언어와 체험이 만나면 색다른 개념적 사유와 상상이 촉발된다.

앞에서도 말했지만, 나는 고등학교 시절 용접기능사 자격증 시험을 보기 위해 실습실에서 숱한 밤을 보냈다. 드디어 결전의 시험날, 나는 내 인생 최초이자 최대의, 결정적인 실수를 하고 말았다. 용접기 온도조절을 잘못해서 철판에 구멍을 내고 만 것이다. 결과는 안 봐도 뻔했다. 그 순간 실습으로 지새웠던 많은 밤이 스쳐갔다. 한여름 뜨거운 열기 속에서 하는 용접은 정말이지 견딜 수 없는 고통이다. 해본 사람만 알 수 있다.

어찌 되었든 지난 시절 힘들게 노력했던 시간이 한순간의 실수로 거품처럼 사라졌다. 용접기능사 자격증 시험은 실패로 끝났다. 그런데 그 순간 엉뚱한 생각이 들었다. 어차피 떨어진 시험, 철판에 이미 뚫린 구멍을 더 크게, 보름달처럼 만들어볼까 하는 충동이 불쑥 일었다. 좌절감과 상실감도 컸지만, 나는 하던 용접을 계속하면서 철판에 보름달만 한 구멍을 뚫어버렸다. 그 후로 나는 철판을 보면 보름달이 연상된다. 내가 만약 시인이라면 철판과 보름달을 연결시켜 멋진 시 한 편을 쓸 수 있지 않았을까?

시인의 상상력은 책상에서 나오지 않는다. 춥고 배고팠던 기억, 힘들고 아팠던 추억, 견디기 어려운 슬픔이 서린 지난 체험에서 시적 영감이 나온다. 용접하면서 철판에 구멍을 뚫어본 경험이 철판과 보름달을 연결하게 했듯이, 체험적 상상력은 창조로 연결될 가능성이 높다.

고(故) 신영복 교수는 '한 사람의 사고 수준, 사상의 깊이와 넓이는 특정 단어와 관련해서 그 사람이 품고 있는 연상세계를 보면 알 수 있다'는 말로 나에게 지적 충격을 주었다. 그만큼 사람의 생각은 연상의 세계로부터 자유로울 수 없다.

'시간의 점'은
체험의 총량

　한 사람의 생각은 그가 살아오면서 보고 느끼고 경험하면서 깨달은 체험적 지혜의 역사적 산물이다. 그래서 바꾸기가 쉽지 않다. 생각은 삶과 연결되어 있기 때문에 생각을 바꾸는 것은 삶을 바꾸는 것이다. 삶을 바꾸지 못하게 하면서 생각을 바꾸라고 가르치는 것은 일종의 교육적 폭력이 아닐까?

　내 생각의 뿌리는 내가 발을 딛고 서 있는 삶의 현장에 있다. 지금까지 살아온 결과가 생각으로 축적된다. 그러므로 내 생각은 내 삶의 결론이고, 그래서 세상의 모든 생각은 각자의 삶이 반영되어 가치가 있다. 세상에 쓸데없는 생각이란 없다. 쓸데없다고 생각하는 생각만 있을 뿐이다. 모든 생각은 제때를 만났을 때 각자의 문제의식과 사연으로 빛난다.

　지금의 생각은 과거의 생각과 연결된 상상이고, 모든 생각은 기존의 생각과 연결되어 생겨난 연상일 뿐이다. 연상능력을 키우는 방법은, 연결할 생각재료를 풍부하게 갖추고, 신선하게 자주자주 업데이트하는 것뿐이다.

"우리 삶에는 시간의 점이 있다.

이 선명하게 두드러지는 점에는

재생의 힘이 있어 이 힘으로 우리를 파고들어

우리가 높이 있을 때는 더 높이 오를 수 있게 하고,

우리가 쓰러졌을 때는 다시 일으켜 세운다."

영국의 시인 윌리엄 워즈워스의 시 구절이다.[46] 시인이 말하는 '시간의 점(spot of time)'이란, 우리가 살아오면서 몸에 각인시킨 '직간접 체험의 총량'이자 축적된 과거의 기억이다. 물론 긍정적일 수도 있고 부정적일 수도 있다. 성공하고 승리한 시간은 당연히 생각만 해도 즐겁다. 반면 실패하고 절망한 시간의 점은 오랜 시간이 지나도 지워지지 않는 흑역사다.

시인 워즈워스도 어린 시절 알프스를 여행하며 만났던 장면이 너무 강렬해서 시를 쓸 때마다 그 장면이 떠오른다고 했다. 여러분도 그런 장면이 있는가? 살아오면서 만난 사람, 사연, 시행착오 등, 소위 '산전수전'이라 부르는 체험 말이다. 그러한 체험적 고뇌가 녹아 있는 책을 읽다 보면, 내 몸에 생긴 시간의 점이 선을 만들고 그 선이 다시 면을 만든다.

어쩌면 그런 선들이 모여 만든 면이 바로 그 사람의 면모(面貌) 아닐까? 한 사람의 면모는 그가 지금까지 만난 수많은 점과 점이 연결되어 만든 선들의 합작품이다. 결국 그 면모의 깊이와 너비가 사상의 밀도와 강도다.

그런데 과거의 기억은 과거에만 머무르지 않는다. 기억은 몸에 각인된 각양각색의 체험적 얼룩과 무늬다. 어렸을 때 시간 가는 줄 모르고 들판에서 뛰어놀았던 기억, 회색빛 청춘의 방황 끝에 찾은 한 줄기 희망, 우연히 집어 든 책에서 발견한 인생의 전환점이 된 한 문장, 학창시절 단점보다 강점을 칭찬해주며 꿈과 용기를 심어준 스승과의 운명적 만남…. 이 모든 것이 몸이라는 기억창고에 저장된 잊을 수 없는 추억이다. 그리고 과거에 체득한 기억과 추억은 미래를 상상할 힘이 된다.

책에서 배울 수 없는 이런 '시간의 점'이야말로 창작의 원료다. 긍정적이든 부정적이든 추억은 얼마든지 아름다운 무늬로 재생된다. 지난 시절의 기억이 구체적으로 떠오른다면, 그만큼 강렬한 추억이라는 의미다. 이처럼 기억창고에 저장된 삶의 흔적이 넓고 깊은 사람은 그만큼 특정한 주제와 연결시켜 상상할 재료가 풍부하다.

보통명사가 고유명사로
바뀌는 순간

명절에 친지들이 모이면 어르신들이 꼬맹이들한테 묻는다. "너는 커서 뭐 해먹을래?" 풀자면 '무엇을 해서 먹고살 것인가?'다 (참고로 '먹고살다'를 붙여서 쓰면 '생계를 유지하다'라는 뜻이다). 그 질문에 꼬맹이는 "돈가스도 먹고 치킨도 먹어야지." 하며 먹고 싶은 음식들을 줄줄 말한다. 어른들이 말하는 '뭐 해먹을래'가 '직업'을 뜻한다는 것을 몰라서다.

보통명사가 고유명사로 바뀌는 순간은 언제일까? 고유명사에 한 개인의 체험적 사연이 반영될 때다. 그 순간 누구나 만날 수 있는 국어사전의 보통명사가 아니라 나의 특수한 체험적 추억이 스며든 고유한 개념이 된다.

예를 들어 똑같은 산도 사람마다 체험이 다르다. 나는 안나푸르나 베이스캠프에 오르면서 네팔에서는 적어도 해발고도 4,000m는 되어야 산이라고 부른다는 사실을 알게 되었다(네팔 사람들은 그 이하의 산을 구릉 정도로 본다). 당시 그곳을 두 발로 직접 오르면서 나는 산에 대한 개념을 바꾸었다. 전에는 얼마나 **빨리**, 높이 오를 것인지가 중요했다면 그 이후로 산은 정복할 대상이 아니라 나를 품어주는 자연일 뿐이라고 생각하게 되었다. 수십 년 쌓아온 고정관념을 바꿔준 강렬한 체험이었던 셈이다. 그 외에도 백록담을 감상하며 한라산 소주를 마셨던 추억이나, 킬리만자로 정상에 올라 한계에 다다른 내 몸과 대화를 나누었던 일이 나에게는 '산'에 관한 특수한 추억들이다.

연상사전은 특정 개념을 생각하면 떠오르는 단어나 이미지를 정리한 사전이다. 살면서 어떤 체험을 했는지, 또 상상의 수준은 어느 정도인지 알 수 있다. 사연을 품은 단어들은 인생을 이루는 퍼즐 조각들이다.

연상사전을 작성하는 방법은, 한 가지 개념에 대해 연상되는 단어나 이미지가 어떻게 바뀌는지를 인생의 시기별로 작성해보는 것이다. 다시 '아파트'라는 단어를 살펴보자. 예전에는 윤수일의 '아파트'가 떠올랐다면, 지금은 얼마인지, 몇 평인지, 어디 있는지가 궁금할 수 있다. 앞에서도 이야기했지만, 나는 아파트를 떠올리면 뙤약볕에서 벽돌을 나르던 일이 먼저 떠오른다. 이처럼 큰 종이나 화이트보드 한가운데 한 단어를 쓴다. 그 주위에 연상되는 단어들을 쓰는 것이다.

'별'이라는 단어로 연습해보자. 나는 '별' 하면 고등학교 때 용접하다 올려다본 한밤중의 별이 생각난다. 그리고 6박 7일 동안

250km '사하라 레이스'를 달리면서 사막에서 만난 밤하늘의 별이 떠오른다. 윤동주의 시 '별 헤는 밤', 영화 '라디오 스타'에서 안성기가 박중훈에게 했던 대사 "별은 혼자 빛나지 않고 반사되어서 빛난다."도 생각난다. 고흐의 그림 '별이 빛나는 밤에', 오란씨 광고의 별도 떠오른다. 마지막으로 칸트의 묘비명도 생각난다. "내 마음을 늘 새롭고 더한층 감탄과 경외심으로 가득 채우는 2가지가 있다. 그것은 내 위에 있는 별이 빛나는 하늘과 내 속에 있는 도덕법칙이다."

별에 대한 글을 쓴다고 가정해보자. 무슨 이야기를 쓸 것인가? 별에 대한 연상이 풍부하게 일어나려면, 별을 다르게 바라보는 경험을 해보거나, 별에 관한 직·간접적 체험을 다양하게 해봐야 한다. 그걸 바꾸지 않는 한 별에 대한 연상능력은 늘 제자리다. 글쓰기는 발상이 아니라 연상이기 때문이다. 연상사전은 이런 점에서 글쓰기 사전이다. 앞에서도 말했지만, 글쓰기가 잘 안되는 이유는 글을 쓸 소재가 부족하기 때문이다. 글을 쓸 소재는 직·간접적 경험으로 스스로 터득해야 한다.

또 연상의 세계가 비슷한 사람끼리는 소통도 잘 된다. 소통이 잘 안 되는 이유는 동일한 단어를 사용하는데도 의미를 다르게 받아들이기 때문이다. 나는 초등학교 때 운동화 살 돈이 없어서 맨발로 축구선수 생활을 했다. 우여곡절 끝에 부모님이 운동화를 사주셨고, 그것을 신고 달릴 때의 기분은 날아갈 것 같았다. 그 느낌이 아직도 생생하다. 당시 나에게 그 운동화는 비행기나 다름없었다. 나와 비슷한 경험을 해본 사람은 이 느낌을 조금이나마 짐작할 수 있지 않을까?

'글이 왜 안 써질까? 소통이 왜 안 될까?'가 궁금하다면 내 안의 연상사전을 열어보자. 연상의 깊이와 너비를 다시 점검하고 틀에 박힌 언어에서 벗어나야 한다. 나의 연상사전에 기록해둔 몇 가지를 소개한다. 그중 첫 번째는 '펌'에서 벗어나 '팜'을 만드는 사고과정이고, 이어서 한자의 발음이 같은 단어들에서 연상되는 새로운 개념이다.

세상에 없는
나만의 작품을 팜

나만의 독창성과 철학이 담긴 작품이나 명품은 어떻게 창조할까? 남들로부터 존경과 사랑을 동시에 받으려면 어떻게 해야 할까? 결론부터 이야기하면 남의 것을 부지런히 복사하는 '펌'과 보여주기 위한 '폼'에서 벗어나야 한다. 그리고 상대의 마음을 '품'

어 품격과 품위를 높여야 한다. 한마디로 '폼' 잡지 말고 '품'어야, 나다운 작품, 사랑받고 존경받는 대체 불가능한 색다른 작품을 만들 수 있다.

'펌-폼-품-핌-팜'의 관계를 그림으로 나타내면 아래와 같다. 단계별로 어떻게 마케팅에 활용할지 생각해보았다. 먼저 상대에게 나의 뭔가를 팔려면 나만의 차별화된 콘텐츠가 피어야 한다. 독창적인 향기와 색깔을 지닌 콘텐츠라는 꽃이 피어야 사람들에게 호소할 수 있다. 그래야 고객을 감동시킬 수도 있다. 나다워지면 색달라지고, 색달라지면 남달라진다. 그러한 나다움이 반영된 작품은 요란하게 홍보하거나 마케팅하지 않아도 그 이름

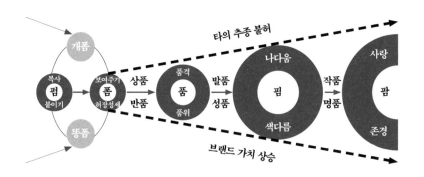

〔그림03〕 폼 잡지 말고 품어야 핀다

자체가 브랜드가 된다.

세상에 없는 나만의 작품으로 피어야 팔린다. 즉 먼저 '핌'이 있어야 '팜'이 일어난다. 팔린다는 것은, 고객이 그 작품에 사랑과 존경을 보낸다는 의미다. 고객이 구매하는 작품은 그저 단순한 상품이 아니다. 고객의 삶의 철학과 가치관이 작품과 일체가 되었다는 의미다.

그런데 많은 사람이 남의 정보나 지식을 퍼 나르며('펌') 정보와 지식을 복제한다. 그리고 그것이 마치 자신이 창조한 지식인 것처럼 '폼' 잡기에 여념이 없다. 폼 잡는 행위에는 남에게 보여주고자 하는 허세가 가득하다. '펌'과 '폼'을 좋아하는 사람들은 주로 쉽게 소비할 수 있는 상품을 사고 마음에 들지 않으면 아무런 거리낌 없이 반품하거나 버린다.

그러니 펌이나 폼으로는 결코 훌륭한 작품이 나올 수 없다. 자신의 영혼과 철학을 담아내려는 혼신의 사투 속에서 작품의 품격과 품위가 살아나기 때문이다. 폼 잡는 데 시간과 노력을 투자하기보다 세상의 아픔과 슬픔을 품어주면서 품격과 품위를 높이는 데 에너지를 쏟아야 한다. 그러한 노력 없이는 자신만의 독창적인 작품을 창작할 수 없다.

그런 의미에서 '핌'은 '품'이 낳은 산물이다. 품지 않고 필 수 없으며, 피지 않고 팔 수 없다. 남의 글을 복사해서 갖다 붙이는 '펌'이나 허세 떠는 '폼'은 오래가지 못한다. 그런 저열한 단계를 넘어서 타인의 아픔을 감싸 안아주면서 동시에 자기만의 고유한 품격과 품위가 드러나도록 숙성시키는 품의 단계로 접어들어야 한다. 그래야만 마침내 그 누구도 따라올 수 없는 독창적인 작품이 개발되는 것이다.

품으로 숙성된 창작품이 세상에 알려지는 단계가 바로 핌의 단계다. 그동안의 분투와 노력이 꽃으로 피어나는 단계다. 그렇게 피어난 꽃에는 무엇과도 비교할 수 없는 나만의 향기, 나만의 독창적인 색깔이 있다. 그 향기와 색깔은 많은 이들을 감동시킨다.

내가 본 것까지만 내 세상이다

'귀(貴)'하게 대접받고 싶으면 '귀(耳)' 기울여야 한다. '귀(貴)'에서 '귀(耳)'를 연상하듯, 동음이의어를 절묘하게 조합하면, 기발하고 효과적으로 의미를 전달할 수 있다. 가령, 생각지도 못한 '사고(事故)'를 쳐야 생각지도 못한 '사고(思考)'가 시작된다. '사고(事

故)'는 자신도 모르게 일어나는(보통은 당황스럽고 안 좋은) 일이지만 '사고(思考)'는 내가 뭔가를 생각하는 행위다. 그러니 '사고(思考)'가 바뀌려면 색다른 '사고(事故)'를 쳐야 한다. 생각지도 못한 일, 예기치 않은 일을 벌여야 한다는 뜻이다.

그런데 역으로 '사고(思考)'하지 않으면 심각한 '사고(事故)'가 일어난다. '사고(事故)' 친 사람들의 '사고(思考)'의 역사가 곧 철학의 역사가 아닌가? 철학의 역사가 바로 우리들의 '사고(思考)'에 '사고(事故)'를 친다. '사고(事故) 치는 사람들의 색다른 사고(思考)'에서 새로운 연결이 일어난다. 색다른 사고를 즐기는 사람은 스스로를 한계에 가두지 않는다. 그래서 그들은 늘 한계에 도전하며 꿈으로 가는 여정을 즐긴다.

봄(春)은 주변과 일상을 다시 보는(觀) 계절이다. 그래서 봄(春)은 다시 봄(觀)이다. '봄(春)'을 통해 '봄(觀)'을 연상하면 매년 맞는 봄이 새로워진다. 새로운 게 보이기 때문이다. 겨우내 움츠렸던 가슴을 펴고 마음으로 삼라만상을 보면 안 보이던 게 보인다. 다른 게 보이지 않는 이유는, 늘 보던 관점으로만 보기 때문이다. 늘 거기 있었지만 건성으로 봤기 때문에 안 보였다. 원래 그런 것, 당연한 것으로 간주했기 때문이다. 세상에 '그냥 거기에 있었던' 사물이나 생명체는 아무것도 없다. 그것이 거기 존재하는 데는 다 이유가 있다. 그 이유를 따져 물어본 적이 없으니 안 보였을 것이다.

헬렌 켈러는 자신이 대학 총장이 된다면 '보는 방법에 관한 교과목'을 만들고 싶다고 했다. 그만큼 세상은 보는 대로 보이고, 보고 싶은 대로 보이며, 경험한 대로 보인다. 겉만 봐서는 이전과 다른 것이 절대 안 보인다. 연상하고 연결하면서 유심히 봐야 새로운 것이 보인다. 하찮은 일상, 별 볼 일 없는 주변, 늘 거기에 당연히 존재해온 삼라만상에는 다 나름의 사연이 있다. 사연은 겉으로 드러나지 않고 안에 숨어 있다. 보일 때까지 꿰뚫어 보고, 뚫어지게 봐야 한다.

그런데 대부분은 대강, 대충 보다가 그냥 포기한다. 거기까지다. 세상은 그가 본 것까지만 보여준다. 내가 본 것까지만 내 세상이다. 대충 보면 기억에 남지도 않는다. 가슴에 아로새겨지지도 않는다. 주의를 집중하고, 관심을 모아 몰입해야만 진면목(眞面目)이 보인다.

비전(vision)을 한자로 바꿔 써보면 4가지 다른 비전이 탄생한다. 슬픈 비전(悲典), 비전으로 다가오지 않는 비전(非典), 경영자 몇 명이 몰래 만드는 비전(秘典), 함께 공유해서 날아가는 비전(飛典)이 그것이다. 영어로 비전은 비주얼라이제이션(visualization,

시각화)의 약자다. 비전은 비전이 달성된 모습을 손에 잡힐 듯 생생하게 시각화하고 상상하는 것이다.

여러분의 비전은 방금 이야기한 4가지 비전 중 어떤 것에 해당하는가? 첫째, 듣는 순간 마음이 슬퍼지는 비전(悲典)인가? 회사의 비전은 주로 숫자로 제시된다. 2022년 매출 15조 달성! 이런 비전을 듣는 순간 가슴이 답답해진다. '매출 15조'라는 비전을 듣는 순간, '휴일에도 출근해야 하나?', '야근이 많겠군' 하는 푸념이 오가며 어느새 슬픈 소식으로 전락한다.

둘째, 누구에게도 호소하지 못하고, 감동도 주지 못하는 비전(非典)인가? 구성원의 공감대가 없는 상태에서 톱다운으로 내려오는 일방적인 비전이다. 셋째, 경영자나 리더 몇 사람만 비밀리에 공유하는 비전(秘典)인가? 이런 비전은 아는 사람만 알고 모르는 사람은 전혀 모른다. 비밀리에 전달되는 비전(秘傳)이다.

마지막은, 듣는 순간 불현듯 '이것이 바로 나의 비전'이라는 생각이 들면서 비전달성에 대한 강한 열의를 품게 해주는 비전, 즉 비전과 함께 꿈의 목적지로 날아가게 만드는 비전(飛典)이다. 이런 비전이 있어야만 구성원 모두가 혼연일체가 되어 꿈을 향해 나아간다.

13.

머리가 아닌
몸이 느낀 마음
: 감성사전

마음에는 이성이 전혀 알 수 없는
이유가 있다.
파스칼

(

네 번째 사전인 감성사전은 뼈와 뼈 사이를 오고 가는 감정언어를 기록한 사전이다. 김소연 시인의 《마음사전》[47]과 소설가 이외수의 《감성사전》[48], 그리고 카피라이터 정철의 《불법사전》[49]과 《인생의 목적어》[50], 진은영 시인의 《일곱 개의 단어로 된 사전》[51]을 추천한다. 이 책들은 국어사전에서는 볼 수 없는 방식으로 자기만의 체험적 느낌을 기반으로 재정의했다. 자신이 직접 몸으로 겪으면서 느낀 점을 그대로 옮겨 적은, 일종의 마음사전이다.

'외롭다'를 국어사전에 찾아보면 "홀로 되거나 의지할 곳이 없어 쓸쓸하다"로 나온다. 그런데 김소연 시인은 외롭다는 말을 설명하기 위해서 밤을 꼬박 새워본 경험담을 이야기한다. 시인은 "그러니까'에서 시작해서 '이를테면'을 거쳐서, '마치 그것은'을 지나 '비교하자면' 즈음에 이르렀을 때야" 결국 '외롭다'는 말을 이해했다고 설명한다. 어쩌면 감성사전을 쓰는 과정은 이와 비슷하다. 하나의 단어를 놓고 이렇게도 해보고 저렇게도 해보면서 내 몸이 느낀 감정을 그대로 풀어보는 것이다. 가슴으로 느낀 것이 머리로 올라가서 논리로 정의되기 이전의 상태를 적은 것이 바로 감성사전이다.

나만의
한(恨)국어 사전

한국어 사전에는 현대 한국인의 표준 언어가 담겨 있다. 그와 달리 감성사전은 표준 한국어 자체보다는 표준 한국어에 대한 사람들의 표정을 주로 다룬다. 같은 단어를 만나도 사람마다 표정이 다르다. 그 단어에 관해 어떤 체험을 해봤느냐에 따라 다른 것이다.

예를 들어 이문영의 《웅크린 말들》[52]에는 '구조조정'이 '뼛가루들의 눈물'로, '해고노동자의 호소'가 '불순세력의 떼법'으로 기록될 수 있다. 구조조정으로 해고된 노동자의 억울한 감정을 경험했거나 거기에 공감했다면, 그 표정으로 단어를 번역해 기록한 것이다. 이처럼 감성사전은 표준 언어를 (세상의 편견과 선입견이 아니라) 나만의 체험과 감정으로 번역한 결과물이다.

《슬픔의 위안》이라는 아름다운 에세이가 있다. 거기에 "슬픔은 결코의 무게다."라는 표현이 나온다.[53] 슬픔(grief)이라는 단어는 '무겁다'는 뜻의 중세영어 'gref'에서 왔다고 한다. 슬픔은 저마다의 무게로 슬픔에 처한 사람을 무겁게 짓누른다. 그래서 이 책의 저자들은, '슬퍼한다는 것은 저마다 처한 슬픔에 대해 '결코'를 말하는 과정'이라고 했다. 나에게 그런 슬픔이 '결코' 오지 않을 것이라고 생각했지만, 그런 슬픔이 와도 '결코' 울지 않을 것이라고 다짐했지만, 막상 내가 맞닥뜨린 슬픔의 무게는 참을 수 없을 정도로 무겁다는 뜻이다.

국어사전에서 '슬픔'의 정의를 찾아보면 "슬픈 마음이나 느낌" 또는 "정신적 고통이 지속되는 일"이라고 나온다. '슬픈 마음'은 무엇일까? 정신적 고통이 얼마나 지속돼야 '슬픔'이 되는 걸까? 이처럼 우리의 감정, 기분, 느낌은 아무리 정교하게 혹은 논리적으로 구사하려 해도 적확하게 표현할 수가 없다. 그래서 나만의 감성사전이 필요하다.

"이렇게 확실한 감정은 일생에 단 한 번만 오는 것이오."
영화 '매디슨 카운티의 다리'에서 클린트 이스트우드가 한 명

대사다. 어느 날 사진작가 로버트 킨케이드(클린트 이스트우드)가 프란체스카(메릴 스트립)에게 함께 떠나자고 제안한다. 하지만 그녀는 "아무리 멀리 가도 늘 마음에 걸릴 거예요. 우리가 함께할 모든 순간에 (…) 당신을 택한 대가가 너무 고통스러울 거예요."라고 말하면서 거절한다.

'일생에 단 한 번만 오는 감정'은 어떻게 언어로 표현할 수 있을까? 아무리 폭발할 것 같은 감정도, 말이나 글이 되는 순간 싸늘히 식어버린다. 껍질만 남은 언어일지라도, 그럼에도 우리는 일상적으로 사용하는 수많은 단어에 나의 주관적인 표정을 담아 기록해두어야 한다. 그렇게 나의 표정을 기록한 감성사전은, 나만의 한(恨)국어 사전이 된다.

앎과 삶이 일치되는 정서사전

누구에게나 통용되는 보편적이고 추상적인 언어가 있는 반면, 특정 부류에게만 호소하는 특수하고 구체적인 언어도 있다. 감성사전은 특수한 상황에서 자신이 겪은 감정이나 기분, 느낌을 있는 그대로 반영한다. 사람이 머리는 속일 수 있어도, 몸이 느끼는 감정은 속일 수 없다. 밖으로 드러난 표정은 위장할 수 있지만, 표정을 조종하는 내면의 감정은 위장할 수 없다. 나도 모르게 감정이 튀어나올 때 어떤 단어가 함께 나오는가? 그 언어가 바로 몸으로 느낀 삶을 직접적으로 표현하는 언어다. 그래서 감정사전을 쓰는 일은, 삶을 언어로, 언어를 삶으로 표현하는 일이다. 특히 시인들은 감각의 경련이 수시로 찾아들 때마다 감성을 흔들어 깨운다. 그때마다 새로운 언어로 생각과 느낌을 표현하기 위해 무던히 애를 쓴다.

어떤 의미에서 감성사전은 삶과 언어가 일체화된 정서를 담아내는 사전이다. 이해타산보다 측은지심을 발휘해야 한다. 단어에 관한 그 사람의 표정을 읽어보면 그의 삶이 보인다. 그래서 감성사전은 넓은 의미에서 보면 앞서 소개한 신념사전에 가깝다. 하지만 감성사전은 논리적 타당성을 따져 개념을 재개념화시키는 것과 다르다. 논리적 타당성이나 사실적 근거가 없어도 (또는 언어적 설명이 불가능할지라도) 몸이 반응해서 느끼는 감정이나 측은지심으로 바라본 나만의 감성을 기록한 사전이다.

신념사전이 머리로 정의한 사전이라면,

감성사전은 가슴으로 정의한 사전이다.

신념사전이 철학자의 사전이라면,

감성사전은 시인의 사전이다.

신념사전에 옳다고 믿는 가치판단이나 세계관이 있다면,

감성사전에는 몸으로 체험하고 가슴으로 느낀

나라는 사람의 밑바닥 정서가 담겼다.

감성사전을 쓰는 것은 이제까지 머리로 해왔던 생각을 가슴으로 하는 생각으로 전환하는 작업인 셈이다.

역지사지+측은지심

=시

감성사전을 쓰려면 먼저 사물이나 현상의 존재이유를 스스로에게 묻고 답하는 과정이 필요하다. 그 역지사지의 문답 속에서 스며 나오는 나만의 느낌과 감정을 받아적는다. 예를 들어 쓰레기통은 평소에 어떤 생각으로 쓰레기를 아무 불평 없이 받아주는 것일까? 쓰레기통을 의인화시켜 그가 하고 싶은 말이 무엇일지 생각해본다. 만약 여러분이 쓰레기통이라면 무슨 말을 할 것인가? 더럽다, 괴롭다, 토하고 싶다, 지쳤다, 외롭다, 쓸쓸하다, 배부르다, 다른 곳에 가고 싶다…. 일단 생각나는 대로 다 적어본다. 그리고 이 중에서 쓰레기통이 겪고 있는 가장 큰 아픔을 표현하는 말은 무엇일까?

예를 들어 '쓸쓸하다'라는 단어를 골랐다면, 쓸쓸하다가 품은 상징을 찾아보고 '쓰레기통'을 다른 단어로 대치한다. 나는 '간이역'을 떠올렸다. 그래서 쓰레기통을 이렇게 정의했다. '영원히 버려지기 전에 세상의 모든 쓸모없음이 잠시 머무르는 쓸쓸한 간이역'. 어떤가? '쓰레기를 담거나 모아두는 통'이라는 정의에 비하면, 더 풍부하고 다양한 감성이 담겼다.

책갈피는 어떤가. 책 속에 파묻혀 언제 자신을 찾아올지 모르는 주인을 향해 이런 말을 외치고 싶을 것이다. 답답하다, 숨통 막힌다, 지루하다, 기다리다 지쳤다, 탈출하고 싶다, 목 조르지 마, 나 숨넘어간다…. 이런 동사에서 하나를 골라 연관된 대치어를 조합하면 책갈피를 이렇게 정의할 수 있다. '숨죽이고 주인을 기다리며 자신을 잊지 말라고 애걸하는 물망초'. 얼른 책을 다시 펼쳐서 책갈피를 꺼내주고 싶은 충동이 생기지 않는가? 측은지심이 발휘된다.

김승희 시인의 시 '그래도라는 섬이 있다'[54]에서, 시인은 '그래도'가 '세상에서 가장 아름다운 섬'이라고 말한다. 자주 쓰는 '그래도'라는 말을 '그럼에도 불구하고 삶을 포기하지 않고 살아가는 사람들이 사는 섬'으로 표현했다. 또 이문재 시인은 '농담'[55]이라는 시에서 종(鐘)의 입장을 대변했다. '종이 더 아파야 종소리가 더 멀리 퍼진다'는 이야기를 종의 입장에서 표현한 것이다. 역지사지하지 않으면 표현할 수 없는 시인들만의 감성이다.

감성사전을 잘 쓸 수 있는 가장 강력한 방법은 시인들을 따라 해보는 것이다. 똑같은 현상이나 사물도 시인의 눈으로 본다. 그러면 다르게 보이고, 다른 것이 보인다. 시인들은 역지사지의 달인들이고, 또 세상의 모든 시적 상상력은 측은지심의 산물이기 때문이다. 시인의 감성을 몸으로 느끼고 싶다면, 그냥 눈으로만 읽지 말고 여러분의 목소리로 직접 낭송해보길 추천한다.

시의 원료는 주로 아픔, 슬픔, 외로움, 고독이다. 시인은 머리가 아니라 가슴이 아픈 사람이다. 가슴으로 느끼는 세상의 아픔과 슬픔을 시로 승화시키기 때문이다. 시인은 체험적 느낌을 절제된 시어로 압축하고, 국어사전에 나온 수많은 어휘를 가슴으로 재정의한다. 그 과정에서 평범한 사람들이 간과하는 고정관념이나 타성을 가슴의 언어로 재조율해 세상에 내놓는다.

그래서 시작(詩作)은 나만의 감성사전을 만들어가는 과정과 비슷하다. 감성언어인 시어(詩語)에 나만의 감성을 입힌다. 독자들은 바로 그 시인의 감성언어에 감동한다. '감동'은 말 그대로 '느낌이 움직이는 것', 영어로도 'moving'이다. 타인의 마음을 움직이는 유일한 방법은 가슴의 언어로 이야기하는 것뿐이다.

당장 무엇부터 해야 할지 막막하다면 삼행시 쓰기를 추천한다. 삼행시로 나만의 감성사전을 시작할 수 있다. 각자의 특별한 사연을 담아 삼행시를 지어보자. 삼행시는 가슴으로 지은 짧은 시다. 세 글자로 된 사물이나 현상, 개념을 곰곰이 생각해보면서 매일 꾸준히 삼행시를 짓다 보면 어휘력과 문장력, 감수성이 눈에 띄게 좋아질 것이다.

삼행시에 여러분만의 체험이나 사연, 추억을 담는 것도 좋다. 이런 연습을 통해 무심코 지나쳤던 과거의 감정이나 느낌이 더욱 깊이 가슴에 새겨진다. 그렇게 애틋한 사연을 많이 간직한 사람일수록 공감능력도, 감수성도 풍부해진다. 애틋한 사연은 막연한 상상을 뛰어넘는다. 거기서 비롯된 감수성은 현실을 변화시킬 수 있는 창조적 상상력의 밑거름이 된다. 삼행시를 통해 나만의 사연을 발굴해보자.

이제까지 우리는 학교에서나 직장에서나 머리로 생각하는 방법을 주로 배웠다. 그런데 다른 사람의 아픔과 슬픔은 머리가 아니라 가슴으로 느끼는 것이다. 감수성은 머리가 아닌 가슴으로 느끼는 생각이다. 타인의 아픔을 머리로만 생각하면 그의 불편, 불만, 불안이 보이지 않는다. 보이지 않으니 진정으로 관심을 가질 수도, 배려할 수도 없다.

가슴으로 느끼는 사람은 머리로 생각하지 못한 것을 본다. 심장은 특별한 감지능력을 가졌기 때문이다. 심장은 거짓말하지 못한다. 다만 가슴으로 느낀 깨달음이 머리로 올라가면서 희석되고 탈색되기 때문에 거짓말이 시작된다.

어떤 대상에 대한 가장 정직한 느낌은, 머리가 이해하기 전에 가슴으로 먼저 온다. 감(感)은 언제나 앎을 앞선다. 체험하지 않은 것은, 머리로 알 수 있어도 가슴으로 느낄 수는 없다. 가슴으로 느낀 것이 많아야만 남들과 다른 나만의 생각, 남들을 감동시킬 수 있는 생각을 할 수 있다.

14.

본질을 파고드는
사유
: 은유사전

진부한 은유는
진부한 생각을 낳는다.
율라 비스

(

논리적 개념 정의가 이해는 되지만, 마음에 와닿지 않을 때가 있다. 사전에 나온 정의로 설명할 수는 있지만, 좀 더 적확한 뉘앙스까지 담아 뜻을 전달하고 싶을 때가 있다. 이럴 때 쓰기 위해 만드는 사전이 은유사전이다. 은유법으로 기존 개념을 다시 정의해보면 색다른 사유의 세계가 열린다.

예를 들면 국어사전에 '공부'는 "학문이나 기술을 배우고 익힘"이라고 나온다. 하지만 이것만 봐서는 실제로 내가 하는 공부의 본질이나 핵심을 파악하기 어렵다. 왜냐하면 '학문'이나 '기술'이 무엇인지 모르면 '공부'의 개념도 알 수 없기 때문이다. 은유사전은 이와 같은 문제를 해결해준다. 개념의 본질이나 핵심을 더 쉽게, 그리고 실생활에 와닿게 표현하기 때문이다.

예를 들어 공부를 '망치'로 정의하면 어떨까? 전혀 상관없어 보이지만, 공부와 망치를 비교해보면 의외로 닮은 점이 많다. 망치는 뭔가를 깨부수는 것이고 공부도 통념이나 타성을 깨부수는 행위다. "공부는 망치"라고 정의하면 공부에 대한 새로운 생각이 싹튼다.

또 "공부는 피클"이라고 정의할 수도 있다. 오이가 피클로 변화할 수는 있지만, 피클이 오이로 되돌아갈 수는 없다. 공부하기 전에 나는 오이였지만, 공부하는 과정에서 사고혁명이 일어나 피클로 바뀌었다. 공부의 과정은 오이가 피클로 바뀌는 과정과 닮았다. 이처럼 은유사전은 좀 더 쉽게 개념의 본질에 닿도록 도와준다.

관계없는 두 단어 연결하기

오늘 아침 '문득' 떠오른 생각이다. '문득'이라는 말은 '생각이나 느낌 따위가 갑자기 떠오르는 모양'을 지칭한다. 그런데 '문득(聞得)'은 '들어서 알게 되는 것'이고, 문득(問得)은 '물어봐서 알게 되는 것'이다. 더 근본적으로 사유의 경계나 문을 넘어 새롭게 다가

오는 깨달음이라는 뜻의 '문득(門得)'일 수도 있다.

역시 새로운 깨달음은 예고 없이 갑자기 찾아온다. 우연한 마주침이 색다른 깨우침을 주고, 깨우침은 스스로를 깨뜨려야 깨달음이 된다. 나의 경우, 이렇게 문득 찾아오는 깨달음은 책에서 만나는 경우가 많다. 다른 이와 체험적 공감대를 형성할 때, 이미 알고 있던 사실도 다르게 각인되기 때문이다. 마치 의식의 도마 위에 나의 앎을 다시 올려놓고 요모조모 다르게 따져보는 것과 같다. 그러한 깨우침과 환기의 과정을 통해 우리는 반성할 수 있다. '내 글이 독자들의 마음에 상처를 주지는 않았을까?' '내 글을 읽고 밤잠을 설친 사람도 있었을까?'

강민혁 작가는 《자기배려의 책읽기》[56]에서 읽기를 '정신의 관절'에 비유한다. 책을 읽으면 읽을수록 뼈와 뼈를 잇는 관절이 튼튼해진다는 것이다. 정신의 관절은 독자의 정신세계와 저자의 정신세계를 이어준다. 이것이 바로 메타포(metaphor), 즉 은유의 위력이다. 메타포는 사유의 가능성을 무한대로 확장시킨다. 겉으로 보기에 아무런 관계가 없는 것들의 공통점을 찾아 관계있는 것으로 연결하기 때문이다.

전혀 다른 둘의 공통점을 찾는 것은 그야말로 '전두엽을 때리는' 놀라운 깨달음이자, 산만한 앎에 내리치는 번개나 천둥에 비견할 만한 각성이다. 오랫동안 고민했지만 적절한 표현이나 실마리를 찾지 못한 단념들이 마침내 적절한 표현을 만나면 뇌에 불이 켜진 듯하고 심장이 두근거린다. 이성복 시인은 어느 시에서 '스스로 비유를 만들 수 있는 것만이 자신의 앎'이라고 했다. '남이 만든 비유를 차용하는 것은, 남의 집에 세 들어 사는 것과 같다'고도 했다.[57]

비유를 얼마나 다양하고 풍부하게 만드느냐가 내 앎의 깊이고 넓이다. 나 역시 은유를 무엇에 비유하면 좋을까 고민하면서 삼만 리를 헤맸다. 그리고 "비유는 막힌 사유를 뚫어주는 치유"라는 표절성(?) 짙은 문장을 만들었다. 맞다. 밤새 고민했지만 한 발짝도 앞으로 나아가지 못할 때, 비유는 스스로 혁명을 일으켜 전혀 다른 사유의 세계로 나를 끌고 간다. 그래서 비유는 사유를 자유롭게 하는 비장의 무기다.

일단 여러분의 앎의 범주를 벗어나야 메타포가 시작된다. 인식의 범주 안에서는 아무리 연결해보려고 애써도 무릎을 칠 만한 놀라운 메타포가 나오지 않는다. 경계를 넘나들며 전혀 다른 분야와 '잡종교배'를 할 때 색다른 배움과 놀라운 사유가 일어난다.

내부에서만 답을 찾으려고 하면 늘 틀에 박힌 대안만 나온다. 하지만 전공의 벽을 넘어, 외부로 눈을 돌리고, 다른 세계와의 낯선 마주침을 청할 때, 머리까지 뒤흔드는 놀라운 해법이 나온다. 가로로 누여 보관하는 와인병을 보고 "왜 와인은 항상 누워 있을까?" 하고 생각해본 적 있는가? 누울 '와(臥)' 자를 쓴 와인(臥人)? 그렇다면 누워 있는 사람과 와인은 무엇이 닮았을까? 여러분이 와인이 된다면 무슨 말을 하고 싶은가? 역지사지를 통해 전혀 다른 것들의 닮을 점을 찾아내는 비약적 사유가 시작된다. 이것이 바로 은유의 마력이다.

메타포는
배움의 대포

의인화와 역지사지 외에 다른 방법도 있다. 먼저 추상명사 하나를 정한 다음, 그 단어가 품고 있는 욕망을 동사로 표현해보는 것이다. 예를 들어 '사랑' 하면 어떤 동사가 떠오르는가? 애절하다, 그립다, 불태우다, 뜨겁다, 기다리다, 외롭다, 한눈에 반하다, 빠져들다, 애간장을 녹이다, 희생하다, 발 벗고 나서다, 질문하다, 관심을 갖다 등의 동사가 떠오른다. 이런 동사들을 적절히 조합해서 그런 욕망을 품은 보통명사를 주변에서 찾아본다.

애간장을 녹이며 자신을 뜨겁게 불태우는 '양초'는 어떨까? 그러면 '사랑은 양초'라는 은유가 탄생한다. 사랑과 양초는 자신을 뜨겁게 불태우며 세상을 밝게 비춰준다. 살신성인의 자세로 타자를 향해 몸을 던진다. 이제 '사랑'은 '두 사람 사이에 주고받는 애정'이라는 교과서적 정의를 넘어선다. 추상명사인 '사랑'이 품고 있는 모호하고 복잡한 의미가 '양초'라는 보통명사로 구체화된다. 그러면 사랑은 눈에 보이는 이미지로 재탄생한다.

　나는 '사랑은 양초'라고 하고, 너는 '사랑은 빗물'이라고 한다. 그러면 나와 너는 사랑에 대한 생각과 행동이 다르다. 이처럼 어떤 은유를 하느냐에 따라 생각과 행동이 결정된다. 그러므로 무언가에 대한 사유를 바꾸려면 그것에 대한 은유를 바꾸면 된다. 긍정적 은유는 긍정적 사유와 바른 행동을 낳고, 부정적 은유는 그 반대다. 은유는 단순한 수사적 기교가 아니다. 사유체계를 지배하고 행동을 변화시키는 놀라운 매개자다.

　우선 'A는 B다' 형식의 문장으로 은유사전을 만들어보자. 평소에 접하는 개념 중에서 추상명사를 왼쪽 A에 놓고, 오른쪽 B에는 A를 구체화할 수 있는 보통명사를 적어본다. 추상명사인 사랑, 열정, 용기, 도전 같은 것은 구체적인 실체가 보이지 않는다. 추상명사의 의미를 구체화해줄 수 있는 보통명사를 떠올려보자. 예를 들면 '열정은 엔진', '도전은 액셀러레이터' 같은 것을 생각해볼 수 있다.

마찬가지로 아이디어 역시 익숙한 기존의 것을 낯선 방식으로 조합해볼 수 있다. 흔한 것의 흔치 않은 결합이라는 점에서 은유와 비슷하다. 앞서 설명했듯이 아이디어가 풍부한 사람, 메타포를 잘 사용하는 사람은 연결할 재료가 풍부하다는 공통점이 있다. 메타포나 아이디어는 발상이 아니라 연상이기 때문이다.

이런 점에서 은유사전은 앞서 소개한 연상사전에 있는 목록을 더 정밀하게 연결시켜 둘 사이의 놀라운 관계를 만들어가는 '언어 경작법'이다. 하루에 3~4개 정도 추상명사를 선정해 일상에서 흔히 접하는 보통명사로 표현해보자. 적확한 은유가 만들어지면 둘 사이에 자유롭게 건너다닐 수 있는 다리가 생긴다. 이런 점에서 '은유는 다리'다(이것은 은유에 대한 은유다).

15.

단어의 뿌리를
찾아가는 여행
: 어원사전

과거 역사와 기원, 문화에 대한 지식이 없는 사람은
뿌리 없는 나무와 같다.

마커스 가비

어원을 공부한다는 것은, 단어가 태어난 배경을 파고드는 것이다. 어떤 이유로, 어떤 배경에서 탄생했는지를 알면 그 단어가 좀 더 특별해진다. 건조하게만 정의되었던 단어에 생명의 기운을 불어넣는 것이다. 활기를 되찾은 단어는 우리에게 더욱 의미 있게 다가온다.

단어가 품고 있는 본질적 의미를 알면 대화의 깊이, 즉 질적 수준이 달라진다. 어원을 아는 사람은 같은 단어도 더 적절하게, 더 정확하게 사용한다. 그 단어가 오랜 시간 간직해온 속뜻을 활용하기 때문이다. 그때부터 단어는 홀로 존재하는 글자 모음이 아니라 한 시대의 사회적·역사적 배경과 문제의식을 품은 문화적 소산이 된다.

어원을 공부해야 하는 이유가 바로 여기에 있다. 단어의 근원적 의미를 이해하면 그 단어를 사용할 때마다 생각도, 행동도 조심하게 된다. 그동안 왜곡해서 썼거나 몰라서 잘못 썼던 자신을 반성하면서, 단어가 품고 있는 본래의 뜻에 맞게 생각하고 행동할 수 있다.

가파른 뫼에 내린 비가 골짜기로 모여 내려오면 '도랑'이 된다. '도랑'이 흘러서 저들끼리 여럿이 모여 부쩍 자라면 '개울'이다. 개울은 제법 물줄기 모습을 갖추고 있어서 마을 사람들이 거기서 자잘한 빨래도 한다. '개울'이 부지런히 흘러 여럿이 모이면 "개천에서 용 났다!"는 '개천'이 된다. 그러나 개울은 한걸음에 개천이 되는 것이 아니라 '실개천', 즉 실처럼 가는 개천이 되었다가 거기서 몸집을 키운다. '개천'은 이제 늠름하게 흘러서 '내'가 된다.

그러나 '내' 또한 한 번에 되는 것은 아니다. '시내', 즉 '실같이 가는 내'를 거친 후에 몸집을 키워 '내'가 된다. 시내에서 내에 이르면 이제 사람들이 사는 마을에서 멀리 떨어져 들판으로 나온다. 비가 내리지 않는 겨울철이라도 물이 마르지 않을 만큼 커진다. 그리고 다시 더 흘러서 다른 고장을 거친다. 여러 고장에서 모여든 벗들과 오랜만에 다시 만나면 '가람'을 이룬다. '가람'은 크고 작은 배들도 떠다니며 사람과 문물을 실어 나르면서 마침내 '바다'로 들어간다.

이렇게 비에서 바다까지, 물이 흘러가는 길에 붙이는 이름이 다양하다. 도랑에서 개울, 개울에서 실개천, 실개천에서 개천, 개천에서 시내, 시내에서 내, 내에서 가람, 가람에서 바다까지. 그러나 바다에 이르는 수많은 우리말이 중국말인 '강'(江)에 거의 잡아먹힌 듯하다. 도랑과 개울만이 근근이 유지되고, 내와 시내, 개천과 실개천은 강의 먹이가 되었다. 가람은 강에게 잡아먹힌 지 아주 오래되었다.

물은 도랑에서 직선으로 바다로 달려가지 않는다. 도랑은 개울로, 개울은 실개천을 거쳐 다시 개천으로 태어난다. 개천은 '시내'로 흘러가면서 '내'가 되어 '바다'에 이를 힘을 축적한다. '내'는 '바다'에 도달하기 위해 다시 한번 '가람'이라는 큰 물줄기를 준비한다. '가람'으로 모인 물줄기는 이제 마지막 목적지인 '바다'로 모인다. '바다'는 세상의 모든 물을 다 받아주기 때문에 '바다'라는 이름이 붙여졌다는 재미있는 이야기도 있다.[58]

이처럼 돌고 도는 선순환적 흐름, 영원히 끝나지 않는 비선형적 흐름으로 자연은 유지된다. 생명체도 이렇게 끝없이 흐르며 유지된다. 결국 삶도 흐름이다. 구불구불 흐르는 데 삶의 본질이 담겨 있다.

다른 사전과는 다르게 어원사전은 내가 직접 만들 수 없다.

어원을 내 마음대로 창조할 수 없기 때문이다. 다만 특정한 주제에 대해 글을 쓸 때, 어원사전은 의미의 근원을 추적해서 우리가 간과한 것을 도드라져 보이게 하는 데 도움이 된다. 어원사전은 크게 우리 말 어원사전, 한자와 영어 등 외국어 어원사전으로 나뉜다.

우리말 어원사전은 단어나 말에 담긴 역사적 사연과 배경뿐만 아니라 거기에 담긴 문화적 유산도 함께 알 수 있는 교양지식의 보고(寶庫)다. 예를 들어 '을씨년스럽다'는 '을사년'의 암울한 상황을 묘사하는 과정에서 나왔다고 한다. 돈을 맡기는 데가 왜 '금행(金行)'이 아니고 '은행(銀行)'일까? 은행은 중국 당·송 시대의 '금은행'에서 나온 말로 금은행과 은행이 같이 사용되다가 줄어든 단어다. 결과적으론 은행이라는 단어 속에 금행이란 뜻도 포함돼 있다.

직장에서 해고되거나 시험에 떨어졌을 때 왜 '미역국 먹었다'는 표현을 쓸까? 이 말의 유래를 아는 사람은 의외로 적다. '미역국을 먹다'는 군대의 '해산' 명령에서 나왔다는 말도 있다. 이 말의 유래는 1907년 8월 1일 오전 11시, 서울 동대문 밖 훈련원에서 맨손 훈련을 한다고 병사들을 집합시켜놓은 상태에서 갑자기 군부협판 한진창이 '군대 해산 소칙'을 낭독하는 과정에서 '해산(解散)'이란 말을 사용했다. 그런데 해산이라는 말은 아이를 낳는 '해산(解産)'과 소리가 같아 '해산'할 때 먹는 미역국과 연관 지어서 '미역국 먹다'라는 표현을 쓰게 되었다고 한다. 일제의 해산 명령에 조선 병사들은 '미역국 먹었다'는 자조적인 말을 내뱉었다고 전해진다.

이처럼 어원사전은 본래의 의미와 다르게 사용되거나 오해받아온 단어의 의미를 바로 잡는다. 그와 함께 단어의 근원적 의미를 복원하다 보면 글쓰기에 유용한 참고자료가 된다.

파자한 한자 속에
인생의 의미가

한자의 자획(字劃)을 나누어서 그 의미를 추적하는 과정을 '파자(破字)'라고 한다. 예를 들어 인생(人生)의 생(生) 자를 파자하면 소(牛)가 외나무다리(一) 위를 건너는 것과 같다. 소가 외나무다리를 건너다니, 얼마나 위험한 모양인가. 외나무다리 밑으로 급류가 흐를 수도 있고, 한 번 빠지면 살아나오기 어려운 수심일 수도 있다. 하지만 외나무다리를 건너지 않고 건너편을 동경만 하고 살 수는 없다. 그러므로 위험을 무릅쓰고 외나무다리를 건너

물은 도랑에서 직선으로 바다로 달려가지 않는다. 도랑은 개울로, 개울은 실개천을 거쳐
다시 개천으로 태어난다. 개천은 '시내'로 흘러가면서 '내'가 되어 '바다'에 이를 힘을
축적한다. '내'는 '바다'에 도달하기 위해 다시 한번 '가람'이라는 큰 물줄기를 준비한다.
'가람'으로 모인 물줄기는 이제 마지막 목적지인 '바다'로 모인다.
이처럼 돌고 도는 선순환적 흐름, 영원히 끝나지 않는 비선형적 흐름으로 자연은
유지된다. 생명체도 이렇게 끝없이 흐르며 유지된다. 결국 삶도 흐름이다.
구불구불 흐르는 데 삶의 본질이 담겨 있다.

는 것이 인생(人生)이고 일생(一生)이다.

일생일대의 위기에 부딪혔을 때 정면돌파 하려면 보이지 않는 위기의 이면을 꿰뚫어 봐야 한다. '본다'는 것이 무엇을 의미할까? 한자를 파자해보면 이해하기 쉽다. 한자로 '보는 것'을 뜻하는 글자가 대표적으로 3가지다.[59] '견시관(見視觀)'이다. '볼 견(見)'은 눈 뜨고 있으니 보이는 것으로 영어 see다. 한자의 모양을 자세히 보면 눈(目)을 크게 뜬 사람(人) 모양인데, 보고 싶어서 보는 것이 아니라 그냥 눈앞에 있어서 보이는 것에 가깝다.

두 번째 글자인 '볼 시(視)'는 어느 차원, 어느 각도에서 보느냐의 문제다. '시(視)'는 '견(見)'과 '시(示)'가 합쳐졌는데 어떤 대상을 보여주거나 보는 것이다. 어느 각도에서 보느냐에 따라 다르게 보임을 뜻하기도 한다. 시각차(視角差)가 생기는 이유는 보는 각도(角度)가 다르기 때문이다.

마지막 글자인 '볼 관(觀)'은 중심에서 보는 것이다. 큰 눈을 가진 수리부엉이가 목표물을 응시하듯 뚫어지게 바라보는 것을 의미한다. 무심코 보는 것이 아니라 뚫어지게 보는 것, 자세히 관찰하는 것이다. 우리는 눈을 가졌으니 볼 수 있는 것은 다 보고, 보이는 것도 본다. 그런데 사실 사물이나 현상의 겉모습만 보고 그것의 진면목을 보지 못하는 경우가 많다. 사물을 보려면 눈동자에 초점을 맞추고 봐야 하는데, 초점을 맞추고 보면 볼수록 다른 것은 보지 못하는 딜레마가 생긴다. 아이러니하게도 눈동자가 없어야 전체를 볼 수 있고 전후좌우가 다 보인다. 그래서 관(觀)에는 눈동자가 없다고 한다.

똑같은 것을 보아도 '견(見)'은 눈앞에 보이는 것만 보고 '시(視)'는 여러 각도로 두루두루 보며, '관(觀)'은 전체를 꿰뚫어 보면서 보이지 않는 것까지 본다. 한양대학교 정민 교수에 따르면 '견(見)'은 수동적으로 보는 것이고, 시(視)는 능동적으로 보는 것이며, 간(看)은 스쳐 지나가면서 보는 것이고, 관(觀)은 개념적으로 가장 깊이 보는 것을 의미한다고 한다. 이 밖에도 관람(觀覽), 박람(博覽), 열람(閱覽), 일람(一覽), 편람(便覽), 회람(回覽) 등에 쓰이는 '볼 람(覽)'은 자세히 보지 않고 얼른 또는 죽 둘러보면서 여러 가지를 한꺼번에 대충 보는 것을 의미한다.

습관과 타성에 젖어 상식적으로 바라보는 사람은 자신의 육안(肉眼)으로 본 것이 전부라고 착각하고 오해한다. 자신이 보지 못한 것도 있을 수 있다는 사실을 인정하지 않는다. 내 눈에는 보이지 않지만 다른 사람의 눈에는 보이는 것을 인정해주고, 그것도 세상을 보는 데 도움이 된다는 점을 이해해야 한다. 그런 눈을 가진 사람만이 다양한 관점에서 세상을 볼 수 있다.

그런 눈을 더욱 밝혀주는 '안경'이 있다. 한계를 넘어 보이지 않는 것을 보려는 망원경, 현미경, 내시경이다. 미래나 먼 곳을 바라보는 망원경, 현재나 가까운 곳만 세밀히 보는 현미경, 안에만 들여다보는 내시경이 안경 역할을 해준다. 이런 것들을 통해 보이지 않는 것을 보려면, 역지사지로 관점을 바꾸어보고, 시제도 달리해서 과거, 현재, 미래의 시점에서 봐야 한다. 입장과 각도를 달리해보는 시도도 필요하다.

'들을 청(聽)'을 파자해보면 귀 이(耳), 임금 왕(王), 열 십(十), 눈 목(目), 한 일(一), 마음 심(心)이다. 귀(耳)를 왕(王)처럼 길게 늘어뜨리고 열(十) 개의 눈(目)으로 바라보면 상대방과 한(一) 마음(心)이 된다는 의미다. 경청(傾聽) 역시 귀를 기울여 잘 듣는다는 의미다. '리더(leader)'는 '리스너(listener)'다. 리더일수록 다른 사람의 말을 잘 듣는 경청의 달인이 되어야지 입담의 달인이 되면 곤란하다.

리더는 보는 것도 달라야 한다. 다르게 보는 것도 리더의 능력이지만 더 중요한 능력은 아예 다른 것을 보는 능력이다. 스티브 잡스가 주장하는 "씽크 디퍼런트(think different)" 역시 '다르게 생각하기'보다는 '다른 것을 생각하기'에 가깝다. 다르게 생각하기는 남과 비교했을 때 이전과 구분되는 점을 생각하는 것이다. 하지만 다른 것을 생각하는 것은 이전에 존재하지 않은 새로운 것을 생각하는 것이다. 후자가 훨씬 어렵다. 리더 자신뿐만 아니라 팀원들도 다른 것을 생각해서, 다르게 느끼도록, 다르게 설득해야 한다.

'선망(羨望)하다'에 나오는 '부러워할 선(羨)'은 다른 사람의 양(羊)을 탐해서 저절로 침(沈)이 흘러나오는 모습이다. 우리가 매일 먹는 쌀 한 톨에도 심오한 의미가 숨어 있다. 농부는 쌀 한 톨을 생산하기 위해 88번의 수고를 들인다는 말이 있다. 그래서일까? '쌀미(米)'는 '여덟 팔(八)' 자를 2개 겹쳐서 만든(八+八)이라고 한다. 결과 중심으로 사회가 돌아가다 보니 현대인은 쌀과 벼가 어떻게 생기는지, 쌀 한 톨에 얼마나 많은 수고가 들어가는지 모른 채 결과만 소비하는 듯하다. 쌀 미(米) 자를 보며 88번의 수고를 떠올려보면 쌀 한 톨, 밥 한 그릇의 소중함이 되살아나지 않을까?

이처럼 한자의 어원이나 기원, 그 유래와 사연을 알면 생각하는 방식과 사물을 대하는 자세도 달라진다. 화목(和睦)한 집안의 공통점은 식탁에 앉아 밥(禾)을 자주 나눠 먹는 식구(食口)가 있기 때문이다. 화(和)는 벼(禾)와 입(口)의 합성어다. 식탁에 둘러앉아 맛있는 밥을 먹으면서 에너지를 얻을 수 있는 것('기운 기(氣)' 자를 보면 기(气) 자 아래 쌀 미(米)가 들어 있다. 쌀밥을 먹어야 기운이 난다는 심오한 의미가 담겼다)도 따가운 땡볕에서 농부의 정성 어린 손길이 있었기에 가능한 일이 아닌가?

한자 어원은 한자를 파자해서 사용하는 다양한 용례나 한자 어원사전을 찾아서 공부하는 길밖에 없다. 특히 한자는 표의문 자라서 그 뜻의 의미와 유래를 알고 쓰면 어휘력은 물론 문장력 을 한꺼번에 높일 수 있다. 게다가 우리말은 대부분이 한자어라 서 한자를 모르고서는 우리말 실력이 좋아질 수가 없다.

한자의 뜻만 제대로 알아도 한자로 된 우리말의 속뜻을 올바 르게 파악하고 정확하고 다양하게 표현할 수 있다. 한자 어원사 전도 좋고, 한근태 소장의 《한근태의 재정의 사전》[60]이나 김성회 소장의 《리더를 위한 한자 인문학》[61] 등도 읽어보기 바란다. 매 일 조금씩 한자 어원이나 한자 단어의 어원을 찾아보고 나만의 어원사전에 기록해보자. 기록하는 데서 그치지 말고 단어와 단 어를 연결해 글을 써보면 그 의미가 훨씬 더 잘 각인된다.

최고의 역사, 문화, 교양 단련법

마지막으로 영어를 비롯한 외국어 어원사전을 만들어보는 것 도 좋다. 자주 사용하는 외국어, 예를 들면 영어의 경우 단어마다 지닌 어원이나 유래를 함께 익힌다면 우리말로 쓸 때는 물론이고 영어로 직접 글을 쓸 때도 큰 도움이 된다.

예를 들어 "흐르는 강줄기를 잘라(break) 강물의 흐름을 바꾸는 것이 강둑(bank)이다. 강둑은 옆으로 길게 쌓은 제방이므로 긴 의자(bench)로 파생됐다. 고대 예루살렘 성전의 광장과 중세 베네치아의 광장 벤치에서는 환전상들이 각종 동전을 바꿔주면서 구전을 뜯었는데 이로부터 은행(bank)이 파생됐다. 환전상들이 결국 은행가가 됐기 때문이다. 중세 귀족들의 연회에서 손님들은 식사를 마친 다음 긴 의자(bench)가 놓인 거실에서 춤과 여흥(banquet)을 즐겼다."[62]

개별단어의 어원도 중요하지만 비슷한 어원을 갖는 단어들이 어떻게 파생되었는지, 기존 단어와 어떤 관계인지를 파악하는 것도 중요하다. 영어 단어에도 역사적 사건이나 문화적 배경이 담겨 있기 때문이다. 단어의 어원을 공부하는 것은, 그 단어를 사용하는 사람들의 역사와 문화를 같이 배우는 교양단련법이다.

베스트셀러 작가이자 경영자인 스펜서 존슨은 "단어를 배우는 것이 아니라 단어로부터 배운다."[63]고 말했다. 예를 들어 '문제'라는 뜻의 '프로블럼(problem)'을 '풀어보럼'이라고 외웠다는 농담도 있는데, 그 어원은 프로블레마(problema)다. 프로블레마는 원래 '앞에 던져놓은 것'이라는 뜻으로, 검투사가 대결을 청할 때 징표가 될 만한 상징적인 물건을 상대의 발밑에 던진다는 의미에서 유래되었다고 한다. 그러니 문제를 '반드시 해결해야 할 골치 아픈 것'으로 받아들이는 것은 과민반응이 아닐까?

살다 보면 수많은 장애물을 만난다. 이 모든 장애물을 다 해결하기에는 능력도, 시간도 부족하다. 그런데 문제는 이미 지나간 일이다. 지나간 모든 문제를 다 풀어야 할 필요도 없다. 문제는 잡아야 할 범인이지만 개중에는 잡기 어려운 범인도 있는 법이다. 이에 반해서 프로젝트(project)는 지금 여기서 미래를 향해 미리(pro) 어딘가를 향해 쏘는(ject) 것이다. 불확실성을 담보하는 프로젝트는 범인(문제)이 아니라 잡아야 할 애인이다. 저마다 애인의 이상형이 있듯이 각자 미리 계획하고 추진할 프로젝트의 모습도 다양하다.

삶은 지나간 문제를 풀고 다가올 프로젝트를 추진하는 과정에서 생기는 얼룩과 무늬를 씨줄과 날줄로 직조하는 과정이다. 하지만 사람이 바꿀 수 있는 것은 과거의 문제도, 미래의 프로젝트도 아니다. 오로지 현재(present)뿐이다. 'present'는 선물이라는 뜻도 있다. 선물을 많이 주는 발표가 바로 프레젠테이션(presentation) 아닌가?

성공하는 사람은 뚜렷한 목적의식을 갖고 열정적으로 자기 일에 몰입한다. 그 과정에서 도움받은 모든 사람을 은인으로 생각한다. 또 난관을 돌파하고 역경을 뒤집어 경력으로 만든다. 성공(success)의 어원에도 이런 의미가 내포되어 있다. 'success'는 '뚫고 나오다'라는 의미의 라틴어 '수케데레(succedere)'에서 파생되었다. 중간 부분인 '케데(cede)'는 '씨앗(seed)'의 어원이다. 씨앗이 비옥한 땅을 뚫고 햇빛 속으로 나오는 것, 그게 바로 성공이다.[64] 난관을 뚫고 나오면 성공의 길이 보이는 이유다.

성공하는 사람은 기회가 오면 흘려보내지 않고 온 힘을 다해 붙잡는다. 기회를 의미하는 'opportunity'는 열린(open) 항구(port)를 의미한다. 항구가 열렸으니 당연히 기회도 널려 있을 것이다. 평범한 사람들은 그저 지나치겠지만, 성공하는 사람들은 그 기회를 잡는다. 또 성공하는 사람의 가장 중요한 특징은 언제나 자세를 낮추고 상대방을 높여주는 겸손이다. 겸손을 의미하는 'humility'는 '흙'을 의미하는 라틴어 '후무스(humus)'에서 유래되었는데 그냥 흙이 아니고 아주 비옥한 흙이라는 의미다. 흙은 항상 가장 낮은 곳에 있다. 작은 도토리 하나가 비옥한 땅에 떨어지면 큰 갈참나무가 되듯이, 흙은 다른 생물의 성장을 돕는다. 이런 점에서 "겸손은 성장을 낳는다."[65] 리더는 겸손한 자세로 부지런히 조직이 성장할 터전을 일궈서 팀원을 성장시키는 사람이다.

이처럼 단어의 탄생배경과 본래의 의미를 알면 그 단어가 어떤 의미의 알갱이로 이루어졌는지 알 수 있다. 양파 껍질처럼 신비한 의미가 계속 발견된다. 지도자를 뜻하는 '리더'도 마찬가지다. 리더(leader)는 '길(path)'을 의미하는 'lea'와 '발견하는 사람(finder)'을 의미하는 'der'의 합성어다. 리더는 구체적인 방법을 가르치는 사람이라기보다 방향을 가리키고 길을 발견하는 사람이다. 방향을 따라가다 보면 없던 길도 새롭게 나타난다. 길을 떠나지 않는 사람은 영원히 만나지 못한 길도 만나게 된다. 그러니 어떤 길이라도 우선 떠나야 만날 수 있다.

리더는 팀원에게 이전과 다른 생각으로, 세상을 다르게 보도록 영감을 주는 사람이다. '영감을 주다'를 의미하는 '인스파이어(inspire)'는 라틴어 '인스피라레(insoirare)'에서 유래되었다. '스피라레(spirare)'는 '숨을 쉬다'라는 뜻이며, 접두사 'in'은 '안으로'를 의미한다. 결국 '영감을 주다'는 '숨을 불어 넣는다'는 의미다. 리더의 숨에는 새로운 에너지가 들어 있고, 세상을 다르게 보는 혜안과 안목도 있다. 그러니 리더는 언제나 눈앞의 이익보다 먼 미래를 그림을 구상하고 시각화(visualization)한다. 그게 바로 비전(vision)이다.

또 리더는 꾸준한 희생을 통해 자신의 안위보다 다른 사람을 위해서 살신성인하는 사람이다. 희생이라는 뜻의 '세크리파이스(sacrifice)'를 보면 리더의 업의 본질을 추측할 수 있다. 'sacrifice'라는 단어는 '신성한'을 의미하는 라틴어 '사크라(sacra)'와 '행하다'라는 뜻의 '피케(fice)'가 합쳐진 말이다. 리더의 희생은 조직 전체의 목적을 달성하기 위해 '신성한 것을 행한다'는 의미로 해석할 수 있다.

리더는 자신도 존중하지만 모든 사람을 존중하고 배려하는 지도자다. 존중하다의 영어 'respect'를 분석해보면 '보다(pect)'와 '다시(re)'가 합쳐져 있다. 그러니 존중한다는 '다시 본다'는 의미다. 리더는 언제나 팀원의 강점과 재능을 발견하기 위해 보고 또 봐야 한다. 그냥 보는 게 아니라 남다른 관심을 가지고 주도면밀하게 관찰해야 한다. 우리는 다른 사람과 한참 동안 대화를 마치고 나서 후일담으로 이런 말을 남긴다. "나 그 사람 다시 봤다." 몰랐던 사실을 알게 되었고, 생각보다 진국이라는 평가가 따르면 그 사람을 존경한다는 의미다.

한편 '의심하다(suspect)'는 잘 살펴보는 것을 미루고 의문의 눈초리로 보는 것이다. 리더는 미래를 미리(pro) 보는 '예상하다(prospect)'에도 남다른 재능을 가져야 한다. 그리고 리더는 안(in)을 잘 들여다보며 점검(inspect)하고, 주변(circum)을 주의 깊게 바라보는 신중한(circumspect) 자세로, 스스로의 내면을 끊임없이 살펴보며 반성(introspect)한다.

단어를 쪼개야
숨은 의미가 보인다

영어로 심장을 의미하는 'heart'를 두 단어로 나눠보면 'he'와 'art'다. 그러니까 'heart'는 '그 분(he)이 주신 예술품(art)'이라고 해석할 수 있다. 그분이 우리에게 주신 예술품을 누군가는 정성들여 잘 다듬고 가꾸어서, 아름다운 감성으로 사람과 세상을 품는다. 반대로 누군가는 되는대로 살면서 남들에게 부정적인 영향을 끼치고 그분이 주신 예술품을 볼품없는 것으로 만든다. 이처럼 평범한 단어도 쪼개서 분석해보면 숨은 의미를 간파할 수 있다.

마찬가지로 '더불어, 함께'의 의미를 지닌 'together'는 'to+get+her'로 나눠볼 수 있다. 우리가 'together'하는 이유는 '그녀를 얻기 위해서(to+get+her)'다. 여기서 '그녀'는 나에게 직간접적으로 행복을 주는 모든 사람이다. 물론 together의 실제 어원은 이것이 아니다. 하지만 단어를 의도적으로 나눠서 생각해 보면 그 단어가 품은 색다른 가능성을 찾아낼 수 있다. 나에게 행복을 주는 모든 사람과 더불어 일하고 살아가면 그보다 더 멋진 행복이 어디 있을까.

'나이'도 '나'와 '이제'로 나눠본다. 어제와 다르게 살아가라는 의미다. '나이'가 든다는 것은, '나'+'이제' 스스로 판단하고 행동해야 하는 것이 더 많다는 의미다. 나이를 먹을수록 너그러워진다고 한다. '너그러워진다'도 내가 만났던 수많은 '네가 그리워진다'는 의미다. 그리움은 기다림 속에서 잉태되고 자란다. 저마다의 삶에서 마주쳤던 소중한 추억들이 시간과 함께 한 장의 추억으로 기록되며 추억은 다시 그리움으로 환생한다.

실수가 있어도 눈 한번 질끈 감아주고 받아주는 배려, 잘못이 있어도 잘잘못을 가리지 않고 상대를 먼저 생각하는 따뜻한 마음, 갈등과 반목도 품어주는 포용심, 어쩔 수 없는 상황에서도 당황하지 않고 세상을 관조하는 여유로움, 슬픔과 아픔의 이면에서 즐거움과 기쁨을 바라보는 긍정성, 이 모두가 너그러움과 함께 자라는 삶의 미덕이다. 시간이 더 흐르기 전에 내가 만났던 수많은 사람과 사물과 현상, 그 모든 것이 간직한 사연을 너그럽게 바라보며 그 속에 담긴 너를 그리워하며 사색하는 시간을 가져볼 필요가 있다.

16.

핵심가치가
모든 것을 결정한다
: 가치사전

당신을 연기하라.
다른 배역은 이미 다 찼다.

오스카 와일드

마지막 사전은 가치사전이다. 가치사전은 내가 인생에서 가장 소중하게 생각하는 '핵심가치(core values)'를 정의한 사전이다. 핵심가치는 딜레마 상황에 빠졌을 때 의사결정에 필요한 판단기준이자 행동규범이다.

"가치관은 지문과 같아서 똑같은 사람은 아무도 없지만, 당신이 하는 모든 것에 그 흔적을 남긴다."

엘비스 프레슬리가 한 말로 알려진 명언이다. 여기 나오는 가치관이 곧 핵심가치다. 사람마다 고유한 가치판단의 기준이 있고, 누구나 그 기준에 맞춰 행동한다. 그 가치판단의 기준은 지문처럼 사람마다 다 다르고, 그의 인생관이나 직업관을 살펴볼 수 있는 척도이자 전형이다.

핵심가치는 삶의 방식을 결정한다. 예를 들어서 나는 열정, 혁신, 신뢰, 도전, 행복이라는 5개의 키워드를 내 삶의 핵심가치로 설정했다. 이 5가지는 그냥 좋은 말이어서 선택한 것이 아니다. 열정적인 삶, 혁신적인 삶, 타인에게 깊은 신뢰를 주는 삶, 도전하는 삶, 그리고 행복한 삶이라는 기준에 맞춰 살아야 내가 가장 행복해질 것 같아서 고르고 또 고른 키워드다.

이 기준에 따라 의사결정하고 행동하는 삶이야말로 내가 남의 인생이 아니라 내 인생을 사는 비결이다. 나만의 핵심가치를 중심으로 살기 위해 다른 것을 포기하고 묵묵히 내 길을 걸어가는 삶이 바로 '마이웨이(my way)', '나다운 삶'이라는 뜻이기도 하다.

가치사전은 인생사전이다. 내 심장을 뛰게 만드는 단어를 내 관점에서 재정의한 사전이기 때문이다.

삶의 딜레마를 해결해주는
5개의 별

밤하늘에 빛나는 수많은 별은 저마다의 이름이 있다. 사랑이라는 별도 있고, 열정과 행복이라는 이름의 별도 있다. 몰입이라는 별도 있고, 도전과 재능이라는 별도 있다. 그 수많은 별 가운데 몇 가지는 이름만 생각해도 가슴이 뛰고 주먹이 불끈 쥐어지며 입술을 깨물게 된다. 수많은 별(단어) 중에 여러분의 마음을 움직이는 것은 무엇인가?

사람마다 선호, 취향, 가치관이 다르고, 추구하는 미래의 꿈과 비전이 다르기에 마음속에 간직하고 있는 별의 이름도 각양각색이다. 그중에 내가 가장 소중하게 생각하는 별의 이름이 바로 앞서 소개한 5가지 키워드이고, 이 5개의 별이 나의 핵심가치다. 나는 딜레마나 위기상황에 빠졌을 때 이 5가지 키워드를 잣대로 문제를 해결하고 의사결정 한다.

밤하늘의 별은 하나하나를 따로 봐도 아름답지만, 별과 별을 연결해 별자리로 보면 더욱 의미심장하게 다가온다. 나는 마음속에 간직한 5개의 별을 연결해 나만의 '북두오성' 별자리를 만들었다. 그 별자리 이름이 PITCH다. PITCH 별자리는 내가 소중하게 생각하는 5가지 핵심가치, 즉 열정(Passion), 혁신(Innovation), 신뢰(Trust), 도전(Challenge), 행복(Happiness)의 첫 글자를 모은 것이다.

PITCH라는 북두오성이 나의 판단기준이다. 새로운 일을 앞두고 이 일이 나에게 주는 의미가 무엇인지, 그리고 이 일은 할 만한 가치가 있는지 고민할 때도 나는 언제나 PITCH를 생각한다. 또 PITCH는 내가 방향을 잃었을 때 나침반이자 등대가 되어준다. 나아가 스스로를 반성하게 하고, 더 나은 삶을 살아가도록 끊임없이 나를 채찍해주는 마음의 회초리이자 죽비(竹扉)다.

또 타인을 평가할 때도 나는 PITCH를 기준으로 삼는다. 그 사람은 얼마나 열정적인가? 그 사람은 어제와 다르게 생각하고 행동하는가? 그 사람은 얼마나 신뢰를 주는가? 그 사람은 현실에 안주하지 않고 도전하는가? 그 사람은 얼마나 행복하게 살아가나? 이 5가지 질문은 나에게 어둠을 밝혀주는 등불과 같다. 나 자신은 물론 내가 아직 잘 모르는 타인의 가려진 부분까지 밝혀주기 때문이다.

투수를 영어로 피처(pitcher)라고 한다. 투수마다 독특한 투구 폼과 스타일이 있는데, 그것을 피칭 스타일(pitching style)이라고 한다. 한 투수가 다른 투수와 구분되는 독특한 특징이 피칭 스타일이다. 남들과 다른 나만의 피칭 스타일을 만드는 것은, 어떤 핵심가치를 중심으로 자기정체성을 쌓아나가느냐에 달려 있다.

목숨과도 바꿀 수 있는 '마지막 단어'가 있는가

유독 여러분의 심장을 뛰게 만드는 단어가 있는가? 있다면 그게 바로 여러분의 핵심가치다. 그 언어들을 나만의 언어로 재정의해서 모으면, 세상의 그 어떤 사전에도 나오지 않는 나만의 가치사전이 된다. 이제 남은 일은 그 가치대로 생각하고 행동하면서 나만의 스토리를 만들어가는 것뿐이다. 스토리가 있는 삶이 행복한 삶이다.

미국의 철학자 리처드 로티(Richard Rorty)는 '마지막 어휘'라는 개념을 제시했다.[66] '마지막 어휘'는 우리가 자신의 행동과 신념, 그리고 삶을 정당화시키는 데 필요한 단어다. 개인 혹은 집단이 딜레마에 빠졌을 때, 결단을 내릴 때, 의사결정할 때 최후까지 의지하는 단 하나의 '신념어'다. 평소 의식 아래에 숨어 있다 삶 전체가 흔들리는 어떤 사건을 겪으면 표면 위로 올라온다. 그래서 어떤 이는 이 '마지막 어휘'를 죽음과 맞바꾸며 결연하게 지켜낸다.

예를 들면 간디의 마지막 어휘는 '비폭력', 스티브 잡스는 '혁신', 리처드 브랜슨은 '상상'일 것이다. 로티 교수에 따르면, 부처님은 자비, 공자는 인(仁), 플라톤은 이데아, 사르트르는 실존, 스피노자는 코나투스, 니체는 아모르파티, 라캉은 욕망, 비트겐슈타인은 언어가 '마지막 어휘'라고 한다. 저마다 가슴속에 간직하고 있는 한 단어, 죽음과도 맞바꿀 수 있을 만큼 자신의 삶에 중요한 단어다. 마지막 어휘는 지금 여기의 삶에 머무르지 않고 더 숭고한 삶, 자아를 넘어 타자와 공동체로 연결되는 삶을 꿈꾸게 만든다.

내 경우 앞에서 말한 PITCH를 다시 3가지로 줄이면 열정, 혁신, 도전이다. 내 삶을 어제와 다르게 바꿔주는 3개의 엔진이다. 열정은 나를 지치지 않게 만드는 뜨거운 심장이고 혁신은 내 생각을 어제와 다르게 바꿔나가는 각성제다. 도전은 내 생각과 느낌을 믿고 나의 능력을 확장, 심화하기를 멈추지 않겠다는 의지다. 열정은 성취를, 혁신은 변화를, 도전은 성장을 낳는다.

더 나아가 이 3가지를 단 하나로 줄이라면 나는 주저 없이 '도전'을 꼽는다. 도전은 나를 살아 있게 만드는 삶의 원동력이며, 내 삶을 '축제'로 만들어준다. 도전을 멈추는 순간 내 삶도 멈출 것이라고 믿는다. 현실안주의 안락함은 안락사로 가는 지름길이다. 특히 도전하지 않는 지루한 일상을 견디는 게 생각보다 훨씬 고통스러운 사람도 있다. 나는 미지의 세계로 한 걸음 더 나아가는 모험이 내 삶의 가장 소중한 보험이라고 생각한다.

도전하는 사람은 모든 순간을 소중히 여긴다. 두 번 다시 오지 않을 기회라고 생각한다. 도전에는 늘 실패가 따라다니지만, 실패를 발판 삼아 어제와 다른 실력이 쌓인다. 무엇보다 도전하는 인생은 내일이 늘 설렌다. 설렘과 기다림 속에서 내 일을 하는 사람만이 가슴 뛰는 내일도 맞이한다. 도전하는 인생은 언제나 미(美)완성이다.

생각만 해도 설레고 기대되는,
바로 그것

그렇다면 나만의 가치사전은 어디서부터, 어떻게 만들까? 먼저 여러분이 어떤 상황에서 몰입을 잘하는지 스스로에게 물어보자. 어린 시절 무엇을 하면서 재미있는 시간을 보냈는지 반추해보고, 그 당시 무엇 때문에 그렇게 몰입하고 열중했는지 그 동력의 핵심을 찾아본다.

예를 들어 나는 초등학교 때 축구를 굉장히 좋아했다. 그래서 졸업할 때까지 학교 축구선수로 활동했다. 몸을 움직여 다른 사람과 어울리는 것을 좋아했고, 승부근성을 발휘하며 경쟁하는 게임을 좋아했다. 열정과 몰입, 승부근성과 경쟁을 통해 얻어지는 성취감을 좋아한 것이다.

여러분은 어떤가? 최근 여러분은 어떤 일을 할 때 가장 신나고 즐거웠는가? 그 상황에서 어떤 요인이 가장 재미있었는가?

또 나는 강의나 강연을 통해 내가 가진 지식, 전문성을 사람들에게 전달하는 것을 좋아한다. 강의시간이 기대되고 설렌다. 교육을 매개로 다른 사람을 변화시키는 일이 얼마나 숭고한 일인지, 거기에 스스로 가치를 부여하고 의미를 만든다. 그래서 가르

유독 여러분의 심장을 뛰게 만드는 단어가 있는가? 있다면 그게 바로 여러분의 핵심가치다. 그 언어들을 나만의 언어로 재정의해서 모으면, 세상의 그 어떤 사전에도 나오지 않는 나만의 가치사전이 된다. 이제 남은 일은 그 가치대로 생각하고 행동하면서 나만의 스토리를 만들어가는 것뿐이다. 스토리가 있는 삶이 행복한 삶이다.

치는 일의 매력이 나에게는 너무나 크기 때문에, 그 일을 더 잘하기 위해 공부하고 새로운 방식을 개발하는 것을 즐긴다. 이처럼 여러분이 평소에 흥미와 열정을 가지고 하는 일을 살펴보면, 그 일을 통해 여러분이 추구하는 가치가 무엇인지가 드러난다.

　핵심가치를 찾아내는 또 다른 방법은 내가 좋아하는 공간, 내가 좋아하는 사람, 내가 좋아하는 물건, 내가 좋아하는 취미 등을 떠올려보고 거기에 담긴 공통점을 생각해보는 것이다. 예를 들면 나는 서점, 책, 글쓰기를 좋아한다. 서점에서 내가 좋아하는 작가의 책을 사고, 그 작가의 책을 꼼꼼히 읽고 메모하며 거기서 얻은 통찰로 책을 쓰는 시간을 좋아한다. 독서와 저술의 공통점은 무엇일까? 창작이나 창조의 과정이라는 점이다. 나는 거기에서 삶의 의미와 가치를 느낀다. 여러분도 여러분만의 재미와 의미를 자극하는 대상 혹은 상황이 있을 것이다. 남을 도와줄 때 행복을 느끼는 사람은 봉사나 헌신이 핵심가치일 수 있다.

　이런 식으로 심장이 뛰는 단어들을 최대한 많이 적어보자. 이 단어들의 개수를 점차 줄여나가면서 3~5개 정도만 남긴다. 그리고 그 단어를 나만의 체험적 느낌으로 재정의해보자. 앞에서 살펴본 은유사전의 방식, 즉 은유법으로 정의할 수도 있다. 핵심가치를 선정하고 재정의했다면, 이제 남은 일은 각 핵심가치에 따른 버킷리스트를 작성해보는 것이다. 실제로 핵심가치대로 생각하고 행동하면서, 또 버킷리스트를 실행하면서 나만의 스토리를 만들어나가면 된다. 가치사전에 가슴 뛰게 하는 단어들이 더 많이 쌓일수록 여러분의 삶의 경치도 바뀔 것이다.

그에게 중요한 단어가   곧 그의 인생 아닐까요?

저는 항상 '같은 것을 다르게 보는 힘을 기르라'고 조언합니다. '당연함을 부정하라'고 당부합니다.

통념에서 벗어나서 같은 대상의 새로운 해석체계를 만드는 것이 관점 디자인의 핵심입니다. 우리가 평소에 쓰는 말에는 견(見), 시(視), 관(觀), 람(覽), 간(看), 감(監), 진(診) 등 '본다'는 뜻의 한 자가 포함된 단어들이 참으로 많습니다.

보는 것에 따라 생각은 만들어지기도, 달라지기도 합니다. 그러나 보이는 대로 봐서는 생각의 주인이 될 수 없습니다. 대상을 어떻게 보느냐에 따라 다른 기억이 만들어지고, 그 기억에 따라 생각이 탄생합니다. 그리고 그런 것들이 머릿속에 쌓여 통념이 만들어집니다. 그래서 생각이 쌓이는 첫 관문인 '보기'는, 생각이 만들어지는 과정에서 매우 중요합니다.

우리가 본 것과 세상이 보여준 것들을 통해 만들어진 통념 속 단어들, 그것들이 우리의 삶을 만들고 생각을 끌고 갑니다. 그런데 어느 순간, 익숙하게 보아왔던 단어들이 갑자기 낯설게 보입니다. 제 경험을 돌아보면, 어떤 것이 새로운 생각으로 탄생하는 순간은 늘 이랬습니다. 익숙했던 무엇이 어색하게 보이는 그 순간, 못 보았던 것들이 눈앞에 나타나곤 했습니다. 그 순간이 바로 깨달음이 열리는 시간이었습니다. 낯섦이 열어준 그 순간, 통념으로 기억에 자리 잡았던 한 단어 한 단어에 대해 새로운 관점이 열리고 생각은 성장합니다.

그래서 익숙하게 봐왔던 많은 것에 낯선 물음표를 던지는 일은 새로운 생각을 여는 데 매우 중요합니다. "너는 왜 그런 이름으로 불리니?", "너에게 그런 이름을 붙인 사람은 어떤 생각을 했을까?" 등등 수많은 상황에 질문을 던지고, 그들의 답을 떠올리며 들어봅니다.

그 질문과 질문이 꼬리를 물고 이어지는 사이에, 내 생각은 이제껏 못 보았던 영역의 것들을 보고, 음영처리 되었던 내 생각에 새로운 부분이 열립니다. 이러한 과정을 반복하면 내가 신념이라고 믿고 있던 것들이 하나씩 하나씩 다른 의미로 진화합니다.

"세상이 만든 사전은 생각의 기초일 뿐, 그 사전의 개념대로 해석하지 않는다."

저는 이런 원칙을 갖고 있습니다. 즉, '사전 속에 갇히지 않겠다'는 의지의 다른 표현입니다. 유영만 교수님과 대화를 나눌 때마다 제가 감탄하는 부분이 바로 이것입니다. '사전 속에 갇히지 않은 단어의 새로운 면모와 쓰임새를 찾아내는' 교수님만의 '보는 법'이었습니다. "아하!" 하는 짧은 탄식과 함께 발견된 그 단어들의 새로운 면모를 알아가며 우리의 생각은 자란다고 믿습니다. 내가 가진 신념이라는 단단한 체계는, 새로 바꿔 끼울 수 있는 단어에 대한 새로운 해석으로 유연해집니다.

단단한 것은 부러지지만 유연한 것은 강한 것을 견뎌냅니다. 사유의 체계도 마찬가지라고 생각합니다. 자기 경험에만 갇혀있는 꼰대가 아니라, 생각의 높이와 깨달음의 두툼함을 통해 생각의 세계를 유연하게 만든 사람이 강한 저력을 갖고 있다고 믿습니다. 내 인생에서 중요한 단어 10개를 적어보고, 그 단어의 의미를 스스로 정의 내려보면 정말 많은 것들이 보입니다.

단어의 우선순위가 그 사람의 철학과 밀접한 관계가 있고, 그 단어의 정의는 그 사람이 중요하게 여기는 것들에 대한 의미를 그대로 보여줍니다. 제 가치사전은 10개의 단어로 이루어져 있습니다. 가족, 친구, 사랑, 우리, 배려, 선함, 공감, 좋은 세상, 현재, 미래 등이 그것들입니다. 아마 다른 누군가도 저와 똑같은 단어들을 가치사전에 적었을지 모릅니다. 그러나 우선순위는 저마다 다를 것이고, 같은 단어에 대한 정의도 다를 것입니다. 그래서 인간의 인생은 서로 다릅니다.

무엇이 그에게 중요한 단어인가? 그는 그 단어를 무엇이라고 정의 내리는가? 어찌 보면 이것이야말로 그의 인생이 아닐까요. 가치사전은 매 순간 개정판을 낼 준비가 되어 있는 자에게 새로운 세상을 열어줍니다.

17.

언어는
세상을 편파적으로 바라보는
콩깍지다

현명한 사람은 그저 발견되는 것보다
더 많은 기회를 스스로 만든다.

프랜시스 베이컨

"언어가 세계를 창조한다(Words create worlds)."는 말처럼 내가 사용하는 언어가 내가 살아가는 세계를 만든다. 그러니 다른 세계를 만들려면 다른 단어가 필요하다. '농업사회'는 농업이 중심이 된 세계를 대변했고, '산업사회'는 새로운 동력의 발명으로 이전과 전혀 다른 새로운 세계를 만났다. 산업사회는 정보사회를 거쳐 지식사회로 발전했고, 이제 세상을 움직이는 단어는 4차 산업혁명, 사물 인터넷, 빅데이터, 로봇, 인공지능 등이다.

우리는 과거에 경험할 수 없었던 새로운 세계로의 변화를 실감하며 산다. 인간만 학습하는 게 아니라 인공지능 알파고도 인간과 거의 비슷한 방식으로 '딥러닝(deep learning)'을 한다. 과연 컴퓨터가 인간의 능력을 어느 정도까지 대체할 수 있을지가 초유의 관심사다. 이제 '학습'이라는 단어는 인간 고유의 지식창조나 문제해결 과정만을 지칭하지 않는다. 기계가 정교한 알고리즘과 다양한 데이터를 기반으로 학습해 인간의 판단능력과 대처능력을 뛰어넘고 있기 때문이다.

'딥러닝'이라는 개념의 탄생 덕분에 우리는 요즘 혁명적 전환을 온몸으로 느끼며 산다. 이처럼 변화된 세계에는 변화된 개념이 필요하다. 아니, 변화된 개념이 변화되는 세계를 상징적으로 보여준다. 그래서 새로운 개념은 개인적 사유의 산물이기도 하지만 사회적 변화를 반영하는 역사적 산물이기도 하다.

"언어가 세계를 창조한다."는 말에서 '세계'를 여러분이 개발하고 싶은 신제품이나 서비스로 바꾸어 생각해보면 어떨까? 내가 사용하는 언어의 세계가 내가 만들 수 있는 제품과 서비스를 결정한다. 아무리 위대한 생각과 아이디어를 가졌어도, 이를 적절하게 표현할 언어가 없다면 새로운 제품과 서비스를 창조할 수 없다.

어제와 다른 제품과 서비스는 어제와 다르게 표현되어야 사람들의 인식으로 들어갈 수 있다. 좋은 아이디어가 있어도 신제품으로 구현되지 못하는 가장 큰 이유는, 제품의 특징이나 컨셉을 정확하게 표현해낼 언어가 부족하기 때문이다. 얼마나 풍부하고 다양하게 상상하고 표현하느냐에 따라 신제품의 성공 가능성도 높아진다.

뭔가를 설명하거나 표현할 때 어떤 단어를 사용하는가? 생각의 한계가 여기서 결정된다. 어떤 경우는 "단어가 아이디어를 창조한다(Words create ideas)." 언어가 틀에 박히면 생각도 틀에 박힌다. 생각지도 못한 생각은 생각지도 못한 언어를 구사할 때 나온다. 언어는 그래서 단순히 생각을 표현하는 수단이 아니다. 어떤 언어를 사용하느냐에 따라 사람도 바뀌고 삶도 바뀐다. 내가 사용하는 언어가 나이므로, 나를 바꾸고 내 삶을 바꾸려면 언어를 바꿔야 한다.

언어에는 생각과 감정과 의지가 반영된다. 그래서 나이가 들면서 성장한다는 것은, 내 생각을 표현할 나만의 언어를 늘려간다는 의미와 같다. 나의 언어를 가져야만 내 생각을 정확히 표현하고, 내 존재도 올곧이 드러낼 수 있다.

사이 전문가, 호모 디페랑스

철학자가 만든 개념을 공부만 할 것이 아니라, 우리도 얼마든지 나만의 신념을 담아 새로운 개념을 만들어낼 수 있다. 직면한 문제나 이슈를 이전과 다른 방식으로 해결하기 위해서 말이다. 프랑스 철학자 자크 데리다의 '차연(differance)'이라는 개념을 활용해 우리 사회가 요구하는 미래의 전문가상을 대변하는 새로운 전문가 개념을 만들어보자.

나는 이 새로운 전문가를 '사이 전문가', '호모 디페랑스(Homo Différance)'라고 부른다. 전문성은 날로 심화되지만 전문가들 사이의 벽은 더욱 높아졌다. 그러다 보니 전문가는 전문지식이 깊어질수록 도무지 소통이 안 되는 기피대상이 된다. 이러한 전문가의 문제점을 해결해주는 사람이 '사이 전문가'다.

전문성의 깊이도 중요하지만 다양한 전문가가 서로 만나서 소통하고 공감하는 것이 더 중요하다. 한 사람의 전문성만으로는 해결하기 어려운 문제를 놓고 여러 사람이 각자의 전문성을 융합해 해결할 수 있기 때문이다. 호모 디페랑스는 낯선 전문가와 부단히 만나고 접속해 기존 전문성의 수준을 높여나가면서 낯선 곳으로의 탈주를 시도하는 유목적 지식인이다.

호모 디페랑스, 즉 사이 전문가는 데리다의 '차이' 자체와 들뢰즈의 '차연'이라는 개념을 차용해 전문가와 전문가의 '차이 자체'에 주목한다. 그러면서 전문가의 전문성을 지금 수준에서 규정하려는 오류와 한계를 타파한다. 여기서 말하는 '차이'는 2가지 속성의 다름을 의미하는 개념적 차이가 아니다. 개념으로 포착할 수 없는 사물이나 현상의 본질적 다름을 의미한다. 지금 여기에서의 차이로 규정되는 차이가 아니라, 미래의 또 다른 차이로 끊임없이 진화되어 가는 열린 가능성의 차이, 즉 차연을 칭한다.

사이 전문가의 전문성을 정의하려는 순간 이미 기존의 전문성과 차이가 나는 또 다른 전문성으로 진화된다. 따라서 전문성은 미래의 열린 가능성으로 열어놓고 다시 정의되기를 기다릴 뿐이다. 사이 전문가는 자신이 모든 전문가의 전문성을 지배하는 우위를 점하거나, 시작점 또는 모든 전문가의 의견과 주장에 대한 마지막 결론을 제시하는 해결사가 되려는 생각부터 버려야 한다.

핵심은 전문가와 전문가의 연결접속 관계가 어떻게 형성되는지다. 이질적인 전문성, 다양한 전문성과 접속하는 것이 바로 사이 전문가가 추구하는 지식융합의 핵심원리다. 사이 전문가는 어떤 전문성도 배척하지 않고 새로운 접속의 가능성을 열어놓는다. 그리고 하나의 특징이나 기준이 아닌 차이와 다양성 자체를 존중해 그들과 부단히 접속한다. 따라서 사이 전문가는 전문가와 전문가 사이 또는 중간에 존재한다. 이질적이면서 다양한 전문성과 전문성이 접속되도록 다리를 놓는다.

한 분야의 전문성은 다른 분야의 전문성과 어떤 방식으로 관계 맺느냐에 따라 의미와 가치가 확연하게 달라진다. 사이 전문가는 여러 분야의 경계를 넘나들면서 끊임없이 탈영토화하고 재영토화하는 유목적 사고를 실천한다. 미지의 세계로 떠나는 것, 낯선 마주침을 즐긴다.

또 사이 전문가는 어느 분야 전문가와 관계하느냐에 따라 혹은 어떠한 관계로 접속하느냐에 따라 자신의 본질도 변신시킨다. 전문가와 전문가 중간에서 중도(milieu, 中道)의 사유를 즐기는 사람이며, 전문가들 사이에 존재하는 관계의 차이에 주목하는 사이(entre-là)의 사유를 기반으로 삼는다. 사이 전문가는 전문가들이 지칭하는 수많은 개념을 융합해 변경하거나 새롭게 창조한다.

우리 사회에 전문가가 이렇게나 많은데 왜 사회 문제는 줄어들지 않을까? 사회문제가 그보다 더 많아지고 복잡해지고 있기 때문이다. 당연히 한 사람의 전문성만으로 해결이 안 된다. 그럴 때 우리가 할 수 있는 것은 다양한 분야의 전문가가 모여서 문제를 종합적으로 살펴보고 끈질기게 물고 늘어지는 것뿐이다.

사이 전문가들은 그러한 문제의식에서 탄생했다. 기존 전문가가 문제를 해결할 수 없을 때, 기존 개념의 재조합이나 재개념화 작업을 한다. 아니면 아예 기존에 없는 새로운 개념을 창조해 화두를 던진다. 사이 전문가는 이런 방식으로 전문가 중심 사회가 직면한 문제를 해결할 수 있다.

그랜드 피아노를
집 안에 들어놓고 싶다면

헝가리 출신의 영국 철학자 마이클 폴라니(Michael Polanyi)는 《개인적 지식》에서 우리가 말로 표현할 수 있는 것보다 더 많은 것을 안다고 주장한다.[67] 말할 수 없지만 체화된 지식을 암묵적 지식(tacit knowledge)이라고 한다. 예를 들면 엄마의 김치 담그는 노하우를 매뉴얼로 만들면 명시적 지식(explicit knowledge)이다. 그러나 매뉴얼에 담을 수 없는 엄마만의 독특한 맛, 즉 손맛은 암묵적 지식이다. 분명히 알고 있지만 다른 사람에게 언어로 설명할 수 없는 지식이 바로 그것이다.

암묵적 지식은 언어로 번역이 불가능하다. 오로지 그 지식을 가진 사람과 장기간 인간적으로 접촉하고, 스스로 부단히 시행착오를 거쳐 감각적으로 체험하는 수밖에 없다. 암묵적 지식은 전문가의 고유한 지식이자 눈에 보이지 않는 경쟁력을 보여주는 독특한 언어다. 폴라니가 그런 지식의 보이지 않는 부분을 적확하게 포착해 하나의 유한개념을 창조한 것이다.

한편 아리스토텔레스는 폴라니와는 다른 관점에서 전문가를 바라보았다. 《니코마코스 윤리학》[68]을 보면 전문가가 갖추어야 할 최고의 덕목으로 프로네시스(phronesis), 즉 실천적 지혜(practical wisdom)에 관한 이야기가 나온다. 실천적 지혜는 단순한 사실관계나 법률, 규칙, 원칙, 직무기술을 아는 것만으로는 부족하다. 서로 갈등하는 몇 가지 선의의 목표를 조율하거나 어느 한쪽을 골라야 하는 실천적이고 도덕적인 기술이 필요하다.

상황적 특수성을 고려하지 않고 절차와 규율만 고수하는 전문가가 많을수록 어처구니없는 일들이 자주 벌어진다. 원칙은 소중하지만 제대로 된 판단이 사라진 원칙은 끔찍한 결과를 낳기 쉽다. 맥락에 대한 이해가 없는 채로 규율이 적용되어서는 안 된다. 원칙은 또 다른 원칙과 갈등하는 가운데 조율되어야 한다. 중요한 것은 실천적 지혜가 엄격한 규율이나 교조적인 원칙의 방해를 받아서는 안 된다는 것이다.

다른 사람들이 겪고 있는 아픔을 제대로 이해하지 못하면 올바른 판단을 할 수 없고, 다른 이의 관점에 너무 깊이 빠져들어도 주어진 상황을 냉철하게 바라볼 수 없다. 공감하는 의사는 미묘한 감정의 실마리를 알아채는 통찰력과 상상력이 있다. 환자가 말로 표현하지 않는 내용까지 듣기 위해 몸짓 언어와 표정까지 예민하게 읽어낸다. 한편 현명한 의사는 공감을 통제하고 일정한 거리감을 유지하는 지혜도 발휘한다.

실천적 지혜를 가진 사람은 사회적 맥락을 읽어내는 통찰력을 지닌다. 흑백논리로 재단하지 않고 어느 쪽에서도 속하지 않는 회색 영역을 바라보는 식견이 있다. 실천적 지혜를 연마하기 위해 노력하는 전문가와 그렇지 않은 전문가의 차이는 천양지차다. 전자는 자신의 전문성을 가지고 자신의 안위가 아닌 공동체의 선을 위해 기꺼이 사용한다. 그러한 헌신적인 노력이야말로 모든 전문가가 갖추어야 할 최고의 미덕이다.

또 실천적 지혜를 지닌 사람은 감정으로 인한 왜곡 없이 상황을 판단하는 직관력이 발달했다. 상황과 관계없이 무조건 규칙을 따르기보다 예외를 허용해야 할 상황이 어떤 상황인지를 오랜 경험을 통해 알고 있다. 우리가 직면하는 대부분의 문제는 복잡하고 모호하며 시시각각 변화한다. 거기에서 실천적 지혜를 가진 사람은 재즈 뮤지션처럼 즉흥연주를 한다. 기존의 악보를 따르면서도, 상황적 맥락이 요구하는 즉흥성을 발휘하고, 자신의 독창성을 잃지 않으면서도, 현장의 요구를 즉석에서 만들어낸다.

실천적 지혜는, 하나의 정답이 존재하는 상황이 아니라 여러 가지 현답이 가능한 상황에서 다양한 체험을 축적할 때 얻어지는 지혜다. 시행착오와 우여곡절, 파란만장과 우회축적, 호시탐탐과 절치부심의 합작품이다. 이것도 저것도 답이 될 수 있는 상황, 때로는 이럴 수도 저럴 수도 없는 딜레마 상황에서 빠르고 현명한 의사결정을 이끌어낸다.

그렇다면 어떻게 해야 실천적 지혜를 가질 수 있을까? 실천적 지혜는 고뇌로 숙성시킨 지혜이므로 책상에 앉아서 책으로 배울 수는 없다. 몸으로 넘어지고 자빠지며 습득할 수밖에 없다. 그러다 보니 실천적 지혜라는 개념을 장착하는 순간, 전문가의 전문성은 새로운 지평이 열린다.

새로운 개념을 만나는 일은 우치다 타츠루의 《우치다 선생이 읽는 법》[69]에 나오는 그랜드 피아노를 집 안으로 들여놓는 과정과 비슷하다. 기존의 좁은 문으로는 그랜드 피아노를 집에 들여

놓을 수가 없다. 어찌어찌 문을 통과했다 하더라도 그랜드 피아노를 놓을 공간이 필요하다. 그렇다면 문은 물론 집의 구조까지 바꾸어야 한다.

철학자가 건축한 색다른 개념도 이와 비슷하다. 이전과 다른 관점으로 세상을 바라보고 싶다면 먼저 인식의 틀을 바꾸어야 한다. 그랜드 피아노가 작은 문으로는 들어갈 수 없으니 벽을 허물거나 문을 뜯어내는 대공사를 해야 한다. 이처럼 외부의 색다른 사유체계를 받아들이려면 기존의 뇌구조와 생각체계를 바꾸는 대수술이 필요하다.

새로운 앎은 언제나 깊은 상처 위에 생긴다. 건물의 구조 변혁 없이 그랜드 피아노가 집으로 들어갈 수 없듯이, 기존 사유체계를 근본적으로 바꾸고 전복시켜야 우리는 색다른 개념을 수용하거나 창조할 수 있다.

18.

틀에 박힌 나를
틀 밖으로
끄집어내는 법

딴생각은 머리를 흔들어서가 아니라
몸의 경험으로 기존 언어를 부정할 때 가능하다.
정희진, 《낯선 시선》[70] 중에서

(

공부란 기존 언어에 길든 타성과 관습에서 벗어나 오염된 현실을 다르게 바라보며 새로운 언어로 재해석하는 과정이다. 주어진 환경에서 '코드'로 굳어진 언어 사용방식과 의미를 해체해보고 나의 방식으로 언어적 의미를 재정의해보는 노력이기도 하다.

앞에서 살펴본 7가지 사전을 만드는 일이 바로 그것이다. 남이 정의한 뜻을 그대로 받아들이지 않고 나만의 방식으로 재정의해보는 것이니 말이다. 나의 체험적 의미로 재정의하면 당연히 기존 언어와 불협화음이 일어난다. 익숙한 언어적 동조에서 낯선 언어와의 불안한 동거가 시작되는 것이다.

이때 필요한 것이 바로 아이러니와 유머다. 아이러니와 유머는 기존 언어의 코드를 전복하거나 일부러 어긋나게 함으로써 언어적으로 오염된 현실에 묶여 살던 나를 해방시키는 방법이기도 하다.[71] 이 2가지를 어떻게 활용해야 할까?

아이러니 찾기와
유머를 활용하라

첫 번째인 아이러니 찾기는, 이제껏 사용해온 언어적 가정이나 근거를 의심하고, 무의식적으로 받아들였던 의견에 의문을 제기하며 깊이 파고드는 방법이다. 예를 들면 '공부를 잘하는 학생은 좋은 대학에 가야 한다'는 의견이 있다고 가정해보자. 아이러니 찾기는 대부분이 그렇다고 동의하는 의견에 찬물을 확 끼얹는다. 대학에 왜 가야 하는가? 대학교육은 어떤 근거로 당연한 교육제도가 되었나? 좋은 대학을 판단하는 기준은 무엇인가? 공부를 잘하는 학생은 어떤 학생인가?

이처럼 당연하게 여겨지는 것을 파고들어 의문을 던지고, 당연함에 시비를 거는 것이 아이러니 찾기다. 이처럼 아이러니 찾기는 모두가 당연하다고 생각하는 언어적 행동에 반기를 들어 저항함으로써 대화를 새로운 국면으로 끌고 간다. 쉽게 말해 무심코 동조했던 단어들의 의미를 다시 생각해보는 것이다. 삶의 관성을 따라 쓰거나 흉내 냈던 것을 그만두고 새로운 언어적 상처를 입히는 일이 바로 아이러니 찾기다.

미국의 실용주의 철학자 리처드 로티(Richard Rorty)에 따르면

'아이러니스트(ironist)'는 언어적 필터로 오염된 현실에 갇혀 사는 자신을 두려워한다.[72] 아이러니스트는 낯선 만남을 지속적으로 추구하면서 자신을 지배하는 기존의 언어적 코드나 문법체계에 의문을 던지고 끊임없이 재해석하고, 자신의 문제의식으로부터 새로운 언어를 다시 만들어낸다. 언어적 창조야말로 자아를 재창조하는 가장 확실한 방법이다.

물론 아이러니스트가 세계를 자신의 언어로 묘사하는 일은 옳을 수도 있고 그를 수도 있다. 아이러니스트는 진리에 접근하는 과정에서 누구나 범할 수 있는 오류 가능성을 열어놓는다. 로티는 이런 아이러니스트의 대표적인 사례로 프루스트, 니체, 하이데거를 꼽았다. 특히 프루스트는 소설 《잃어버린 시간을 찾아서》[73]에서 주인공이 마주치는 것들에 대해 그때그때의 상황에 따라 끊임없이 재정의를 시도하는 노력을 높이 평가하고 전형적인 아이러니스트의 사례로 꼽는다.

자신의 생각과 관점을 이전과 다르게 변화시켜나가는 아이러니스트는, 끊임없는 재서술(redescription)로 자아를 창조한다. 아이러니스트의 전형적인 예는 시인이다. 시인은 자신만의 메타포나 어휘를 사용하여 독창적인 작품활동을 이어간다. 앞에서 알아본 감성사전과 은유사전처럼 시인의 메타포는 겉으로는 닮지 않은 것들의 닮은 점을 찾아 연결함으로써 사유를 비약적으로 발전시키는 방법이다.

　두 번째 방법은 유머다. 유머는 언어적 상처를 만들어 기존 언어의 문법을 전복한다. 아이러니가 근거를 의심하고 언어적 코드 자체를 전복하는 것이라면, 유머는 기존 언어의 관점이나 시각을 바꿔 언어코드에서 어긋나려고 애쓰는 방법이다.

　유머는 하나의 주제에서 폭넓게 가지를 뻗어가며 '한눈팔게' 만든다. 아이러니 찾기가 기존 문법을 겉돌게 만드는 전략이라면, 유머는 기존 문법을 비틀어 다른 가능성의 문을 열어젖힌다. 예를 들면 불륜에 대한 찬반 토론이 벌어지는 상황에서 '불륜은 음악이 아닐까?'라는 화두를 던진다. 아이러니 찾기가 불륜은 나쁜가, 안 나쁜가에 대한 근거나 가정을 뿌리째 흔들어 기존과 전혀 다른 생각으로 유도한다면, 유머는 옳고 그름을 따지기보다 불륜을 바라보는 시각 자체를 비틀어서 전혀 다른 관점에서 불륜을 재해석하게 만든다.

　따라서 유머를 활용하면 불륜에 대한 관점이 수평적으로 다양해진다. 유머와 달리 아이러니 찾기는 수직적으로 깊이 파고들어 새로운 가능성을 추구한다.

　언어는 사회적 약속이다. 그래서 한 사람의 체험적 언어도 엄밀히 말하면 그 체험이 일어난 공동체의 언어다. 내가 체험하기 이전부터 언어는 존재해왔다. 어떤 언어로 나의 독특한 체험을 표현할 것인지는 내가 결정할 수 없다. 이미 규정된 공동체의 언어용법을 흉내 낼 뿐이다. 예를 들면 어떤 놀이를 할 때 '하면 안 되는 규칙'이 그 놀이를 하는 공동체의 규약에 따라 다르듯이, 언어는 어떤 맥락적 상황에서 사용되는지에 따라 그 의미가 다르게 인식된다. 《공부의 철학》을 쓴 일본 철학자 지바 마사야는 언어습득이란 환경코드에 세뇌당하는 일이라고 했다.[74] 환경코드는 주어진 환경에서 옳다고 믿는 신념체계나 가치판단 기준이다. 이렇게 하면 되고 저렇게 하면 안 된다는 주장이나 신념체계 같은 것이다. 그러므로 내가 무의식중에 사용한 언어는 이미 무의식에 각인된 공동체의 언어코드를 반영한다. 구성원들이 어떻게 언어를 사용하는지, 어떤 의미를 부여하는지를 암묵적으로 배운 결과다. 결국 나의 사고는 다른 사람의 언어, 더 정확히 말하면 내가 속한 공동체의 언어적 사고로 필터링된 결과다. 이것은 일종의 멤버십이다.

하나의 단어를 붙잡으면
하나의 우주가 열린다

　사고는 내가 당한 일이지만, 사건은 내가 의도적으로 일으킨 일이다. 사건 속에는 말 못 할 사연이 있다. 그 사연을 읽어내면 사건의 전후좌우 배경과 전모를 밝힐 수 있다. 마찬가지로 단어 역시 의미와 의도를 읽어내야 정확한 뜻을 알 수 있다.

　백우진 작가는《단어와 사연들》에서 "하나의 단어를 붙잡으면 하나의 우주가 걸려든다."고 했다.[75] 국어사전의 뜻이 같아도 누가, 어떤 상황에서, 어떤 의도로 사용하느냐에 따라 전혀 다른 의미로 쓰인다. 우리가 언어를 공부해야 하는 이유는 똑같은 단어지만 다른 의미로 쓰이는 맥락을 이해하기 위해서다. 단어를 잡으면 그 단어가 꿈꾸는 우주를 품을 수 있다.

　헌책방에 수만 권의 책이 있지만, 각각의 존재가치는 누구의 손에 들어가느냐에 따라 달라진다. 어떤 사람에게는 그저 종이뭉치에 불과한 책도 누군가에게는 평생 간절히 찾아 헤맨 귀중한 것일 수 있다. 지금까지 우리가 배운 개념도 마찬가지다. 사전에 나오는 단어는 모두 헌책방에 쌓인 종이뭉치와 다를 바 없다. 하지만 그 단어에 어떤 경험과 고뇌를 투입했느냐에 따라 그 단어는 앞에서 소개한 내 인생의 '마지막 어휘'가 될 수도 있다.

사랑이나 행복 같은 보편적인 개념도 내가 실제로 무엇을 보고 느끼며 생각하고 행동하느냐에 따라 전혀 다르게 인식되고 구현된다. 내가 사하라 사막에서 느낀 '사랑'은, 죽을 것 같은 고통을 느끼며 폭염 속을 달리는 사람이 옆 사람에게 기꺼이 물 한 병 건네주는 작은 행동이었다. 그리고 내가 경험한 진정한 '행복'은, 2007년 저세상 문턱까지 갔다 온 교통사고 후에 느껴보았다. 얼마간의 회복기간을 거치고 나서 처음으로 마셔본 와인 한 모금이 온몸으로 스며들 때 나는 말도 못 할 전율감을 느꼈다. '이것이 찐행복인가' 싶었다.

이처럼 사랑이나 행복은 국어사전에 나오는 정의로는 정확히 설명하기가 어렵다. 저마다의 상황에서 몸으로 느끼는 감각적 체험이자 주관적 신념이 반영된 개념이기 때문이다. 내 경험으로, 내 몸으로 느낀 의미는 다르다. 불륜이나 출생의 비밀 같은 똑같은 소재의 드라마가 매번 다른 이유는 스토리가 펼쳐지는 상황적 맥락이 다르기 때문이다. 동일성의 반복이 아니라 차이를 낳는 반복이 반복되는 것이다.

가로지르기와
세로 지르기의 공부

공부는 한 분야를 깊이 파면서 '세로 지르기'를 통해 뿌리를 찾아가는 여정이기도 하지만 옆으로 인식의 관심을 확산시켜 나가는 가지의 자람이기도 하다. 아래로 파고드는 깊이의 심화는 잘 못하면 좁은 편협의 우물에 빠질 위험이 있다. 이를 방지하기 위해 깊이 파고드는 사람들과 수평적 연대를 구축해야 한다. 깊이 파되 옆으로 파면서 나의 전문성으로 해결할 수 없는 것을 다른 전문성과 접목하면서 해결하는 일종의 가로지르기식 공부다.

늘 똑같은 일상도 새로운 언어를 습득하면 지금까지와 다르게 표현할 수 있다. 새로운 언어는 새로운 무기이고 정신에 새로운 각성을 준다. 내가 공부하면서 만난 가장 큰 언어적 선물은 '관계'라는 개념이다. '인간'(人間)은 '사람'(人)과 '사람'(人) '사이'(間)다. '인간'은 '인간관계'(人間關係)의 약자라고 한다. 결국 사람이 사람다움의 의미와 가치를 지니려면 사람과 사람 사이의 관계를 만들어갈 수밖에 없다. 관계가 존재를 결정한다. 즉 인간의 존재 가치는 사람과 사람 사이에 맺어지는 관계에 따라서 결정된다. 내가 어떤 인간관계를 맺어왔고, 맺고 있는지, 앞으로 어떤 관계를 맺을 것인지에 따라서 나라는 사람의 인성도 결정된다.

인성은 독자성이나 실체성으로 파악할 수 있는 게 아니다. 인간이 다른 인간과 어떤 관계를 맺어왔는지에 따라서 관계론적으로 결정된다. 결국 인간은 관계를 떠나서 살아갈 수 없는 사회적 동물이다. 한편 관계는 '경계' 속에서 끊임없이 재탄생한다. 신영복 교수님도 《강의》에서 "애정 없는 타자와 관계없는 대상에 대하여 알 수 있다는 환상을 버려야" 한다고 말씀하셨다.[76] 그러니 알아야 안아줄 수 있다. 안다는 것은 상대방의 아픔을 머리로 아는 것이 아니라 가슴으로 느낀다는 말이다. 가슴으로 느낄 때 비로소 상대를 깊은 관심과 사랑으로 안아줄 수 있다.

애정과 관심은 이해의 필수요건이다. 그런데 지금까지 우리는 과학의 언어에 사고를 점령당한 것 아닐까? 감정을 배제하고 순수하게 객관적인 입장에 서야만 진정한 앎에 도달할 수 있다고 하면서 말이다. 과학의 언어로만 사고하면, 언어가 사물이나 사람에 대한 이해를 돕는 수단이 되지 못한다. 오히려 잘못된 방향으로 오해를 이끌 수 있다.

사르트르는 '타자는 지옥'이라고 했지만, 레비나스는 '타자는 미래'라고 했다. 미래라는 타자는 나에게 어떤 선물을 줄지 알 수 없다. 하지만 분명한 점은 내가 어떤 타자를 만나든 나는 타자를 만나는 순간부터 새로운 정체성이 형성된다는 것이다. 내가 만약 어떤 새로운 사람도 만나지 않고, 새로운 곳에도 가지 않고, 늘 같은 분야의 책만 읽는다면 나의 미래는 어떻게 될까? 이 질문을 통해 미래를 바꾸는 가장 확실한 방법을 깨달을 수 있을 것이다.

농담과 진담 사이, 상담이 필요하다

모든 발언은 언제나 맥락을 배경으로 태어난다. 어떤 맥락에서 그런 발언을 했는지 알면 발언자의 진의가 파악된다. 똑같은 콘텐츠(contents)도 맥락(context)을 정확히 파악하지 못하면 소통(communication)에 치명적인(critical) 위기(crisis)가 온다. 발언자의 진의와 관계없이 구설에 오르기도 한다.

발언자는 청중의 수준에 맞는 농담을 던진다. 농담이 농담으로 받아들여지려면 말하는 사람의 진의와 그에 대한 청중의 의미해석이 맞아떨어져야 한다. 만약 그렇지 못하면 농담이 진담으로 받아들여지고, 성적 비하 발언이나 청중을 무시하는 언사로 오해된다. 농담을 통해 메시지를 오해 없이 전달하려면, 청중이 그 맥락을 올바르게 파악할지를 먼저 살펴야 한다.

한번은 같은 메시지를 비슷한 청중에게 전달했는데, 한쪽은 폭발적인 반면 다른 한쪽은 심각하게 오해한 적이 있다. 심지어 자신들을 무시했다며 화내는 청중도 있었다. 맥락을 충분히 이해할 것이라 기대했건만, 내 예상과 전혀 다른 청중도 있었다. 그 강연에서 깨달았다. 나로서는 아무리 생각해도 이해가 되지 않았지만, '내 설명이 부족했나? 뜬금없었나? 맥락을 이해할 만한 무드를 조성하지 않았나? 너무 단도직입적으로 말했나?' 하는 자책도 했다.

생각해보면 사랑하는 힘과 질문하는 능력은 서로 다르지 않다. 누군가를 사랑하면 질문이 많아진다. 사랑하는 사람이 밥은 먹었는지, 잠은 잘 잤는지, 비 오는 날 우산은 갖고 출근했는지 등 하루 종일 질문한다. 그만큼 온통 관심이 그에게 쏠려 있기 때문이다. 하지만 사랑이 식으면 질문이 없어진다. 사랑할 때 자주 묻던 것도 이제 욕이 포함된 무관심이 된다. 예를 들면 '밥은 먹었을까?'는 '처먹었겠지'가 되고, '잠은 잘 잤을까?'는 '자빠져 잤겠지'가 된다. 사랑이 무관심으로 바뀌면서 사용하는 언어도 바뀐 것이다. 무관심은 넘을 수 없는 벽이 되고, 이해해줄 것이라는 기대도 사정없이 무너진다.

청중에게 메시지를 전달할 때도 관심과 애정으로 질문하는 힘을 발휘해야 한다. 또 자기 체험이 없는 사람은 논리적 설명을 청중의 머리에 꽂지만, 자기 체험이 있는 사람은 감성적 설득을 심장에 꽂는다. 머리에 꽂히면 '골 때리는' 것이 되고, 심장에 꽂히면 '의미심장한' 것이 된다. '골 때리는' 발언을 들으면 청중은 무시당했다고 느낀다.

가끔 농담으로 던진 화두가 청중을 무시하는 욕설로 오해된다. 왜 그런 불상사가 생길까 고민해보았다. 우리나라 사람들은 어릴 때부터 "놀고 자빠졌네.", "지금 장난하냐?" 같은 말을 비난이나 위협의 말로 듣고 자랐다. 재미있게 노는 것도 잘못이고, 장난도 치면 안 된다고 들으며 자란 것이다. 놀지도 못 하게 하고, 장난도 못 치게 하니 매사에 엄숙하고 근엄하고 진지하다. 이처럼 '엄근진'하게 공부만 해왔으니 어른이 되어도 사는 게 재미없고 창의성이 없어진 것 아닐까?

한번은 청중에게 물었다. 1년 365일 중에서 여러분이 가장 자주 가는 곳 두 군데를 이야기해보라고. 아침에 학교 갔다가 저녁에 집에 간다는 대답이 나왔다. 그래서 나는 "학교에 갔다가 집에 가니까 여러분이 이렇게 되신 거예요."라고 말했다. 생각을 바꾸려면 자주 가는 곳을 바꿔야 한다는 것을 강조하기 위해 농담으로 "여러분, 학교에 안 가도 되는 날은 학교 가지 말고, 집에 안 가도 되는 날은 집에 가지 마세요."라고 했다.

그런데 여기서 문제가 발생했다. 집에 가지 말라고 했다고 어느 청중이 화가 난 모양이다. 내가 전하고자 한 것은 '자주 가는 곳을 바꿔야 생각이 바뀐다'는 것이었다. 그러한 맥락에서 한 말인데 정말 청중은 '오늘부터 집에 들어가지 말라는 거임?' 하고 이해한 것일까?

또 집사람이 집에 있으면 남편은 집사람을 생각하지 않는다고 설명했다. 집사람과 집이라는 아장스망(프랑스 철학자 들뢰즈가 제시한 개념으로 '배치'라는 뜻)이 바뀌지 않기 때문이다. 그럼 남편이 집사람을 생각하게 만드는 방법은? 나는 청중에게 '집사람이 집에 자주 들어가지 말아야 한다'고 웃으면서 농담을 던졌다. 그랬더니 또 이 말을 진담으로 받은 몇몇 청중이 항의했다. 늦었지만 사과의 말씀을 전한다. 농담과 진담 사이에 무엇이 필요할까? 예능으로 던졌는데 다큐로 받는 우리 사이에 과연 무엇이 필요할까? 진지하게 고민해본 사건이었다.

농담으로 던진 말을 상대방이 진담으로 받을 때 생기는 부담감을 해소하는 방안은 무엇일까? 이해와 오해 사이에 존재하는 거리를 어떻게 줄일까? 이해해줄 것이라고 가정한 표현이 오해를 넘어 청중 비하 발언으로까지 해석된다. 농담을 표현하는 방식과 그것이 사용되는 특정 맥락에 대한 올바른 이해가 전제되지 않았기 때문이다.

맥락의 맥을 못 잡아 서로 간에 맥을 못 추게 된 안타까운 사건은, 강사가 청중을 이해하지 못해서 생긴 일일 수도 있다. 앞서 말했듯이 똑같은 농담도 어떤 청중에게는 통하지만 다른 청중에게는 통하지 않는다. 농담이 농담으로 전달되려면 배경과 맥락에 대한 정보가 충분해야 하고, 정보의 수준 역시 청중의 수준에 맞아야 한다.

핵심은 '공감대 형성'이다. 강사가 직접 경험한 것이라 해도 청중은 처음 듣는 낯선 경험이다. 그러니 강사의 의중과 의도도 청중에게 오리무중이 될 수밖에 없다. 농담과 진담 사이, 허심탄회한 상담이 필요하다.

벼리고 벼린 칼로
존재의 집을
뜯어고칠 때

폭풍을 일으키는 것은 가장 조용한 언어이다.
비둘기처럼 고요한 사상이 우리의 세계를 뒤흔든다.

니체

일본의 철학가 우치다 타츠루는 어느 책에서 페이퍼 나이프로는 생선포를 뜰 수 없으니 쓸모없는 도구는 과감히 버리라고 독자들에게 제안한다.[77] 지금껏 지극히 자연스럽게 느껴온 경험이나 사고가 바로 '쓸모없는 도구'다. 문제를 해결할 수 없기 때문이다. 그러니 페이퍼 나이프를 버리고 식칼로 바꿔 잡아야 한다.

일에서나 삶에서나 무언가 한계를 느끼고 있다면, 바로 칼을 바꿔야 할 시점이다. 지금 여러분의 언어에 한계가 있다는 뜻이기 때문이다. 타성에 젖은 식상한 언어는 너무 오래 써서 닳아지고 무뎌진 칼과 같다. 새로운 칼을 쥐면 더 수준 높은 사고를 하게 된다.

나의 사고방식에 들러붙은 문제나 한계를 극복하는 유일한 방법은, 다른 사람의 생각에 접속해서 그가 구사하는 언어를 배우는 것뿐이다. 똑같은 현상도 다른 언어로 표현하면 전혀 다르게 다가온다. 어떤 단어는 막혔던 하수구를 뚫듯 복잡하게 꼬였던 생각을 명쾌하게 설명한다. 이처럼 단호하고 날카로운 단어를 가진 사람은 사고도 명쾌하다.

낯선 단어는 날 선 생각을 낳는다. 벼르고 별러 골라낸 한 단어는 골머리를 앓던 생각의 물꼬를 터준다. 벼리는 과정에서 (생각지도 못한) 벼르던 언어가 떠오른다. 그 순간 내 생각은 그 단어에 꼭 맞게, 기가 막힐 정도로 정밀하게 담긴다.

언제나 우리가 해야 할 일은 늙어가는 생각이 낡아지지 않도록 익숙한 단어가 낯선 개념을 잉태하도록 꾸준히 벼리는 것이다. 벼리고 벼린 단어가 색다른 신념을 품고, 우리의 생각도 새로운 생각의 자손을 출산한다. 그래서 단어는 꺼져가는 생각의 불씨를 되살리는 불쏘시개다. 이 책의 아이디어 중 단 하나라도 여러분의 생각에 불씨가 되어주길 바라본다.

2020년 6월은 내 평생에 잊을 수 없는 아픈 순간으로 기억될 것이다. 제주공항에서 노트북과 함께 나의 모든 지적 고뇌의 산물이 저장된 외장하드와 무엇과도 바꿀 수 없는 손글씨 메모장 2권을 분실한 역사적 사건이 발생했기 때문이다. 몇 가지는 구글 드라이브에 저장되어 있어 다행이었지만, 손글씨 메모장과 한참 작업 중이던 몇 권의 저서가 통째로 사라졌다. 그 사실을 알게 된 순간, 아무 생각도 들지 않았고 아무 생각도 하기 싫었다.

특히 이 책은 여러 번 다시 쓰고 고치고 또 고쳐 쓴 터라, 원고가 사라졌다는 사실은 무어라 표현할 적당한 단어조차 없을 정도다. 며칠을 상실감에 시달리다 마음을 다잡고 그동안 작업했던 기억을 되살려보기로 했다. 하지만 워낙 방대한 자료를 참고해가며 저술했던 작업이어서 기억을 더듬어 복원하기란 사실상 불가능하다는 것을 이미 알았다. 마음을 비우고 수개월 아니 수년의 작업을 다시 백지에서 한 장 두 장 메워가기 시작했다.

큰 화두나 키워드를 중심으로 다시 메모했고, 한 점의 흔적이 과거로 거슬러 올라가면서 선으로 연결되었다. 결국 내가 쓰고 싶은 방향으로 글감이 되살아나기 시작했고, 그렇게 축적한 흔적을 모아 지금의 이 책을 완성했다.

내가 쓰는 언어는 내 사고방식을 드러내는 일종의 비늘이다. 물고기가 어떤 물살과 물결을 타고 살아왔는지에 따라서 비늘이 달라지듯, 내가 어떤 공간에서 누구와 어떤 시간을 보냈는지가 언어적 비늘이 되어 내 몸에 남는다. 민물고기가 바다로 가서 살아남으려면 아가미를 비롯해 신체 구조조정을 성공적으로 해내야 한다. 그래야 삶의 무대가 바뀐다. 마찬가지로 우리도 적응하고자 하는 새로운 환경에 맞는 새로운 언어를 장착해야 한다.

언어는 존재의 집을 짓는다. 완전히 허물고 새로 짓든, 기존의 것을 약간만 남겨두고 재건축을 하든, 그저 몇 가지 리모델링에 그치든, 그것은 여러분의 선택이다. 다만 어떤 언어로 집을 짓느냐에 따라 그 집에서 사는 존재도 영향을 받고 변화한다는 사실을 기억해야 한다. 많은 것을 바꾸려고 노력해왔지만 별다른 변화가 없었다면, 이제 벼리고 벼린 새 칼을 꺼내어 들고 내 존재의 집을 완전히 뜯어고칠 때가 왔다.

주석 및 참고문헌

01. 메리언 울프(지음), 전병근(옮김), 《다시, 책으로》(2019), 어크로스
02. 루트비히 비트겐슈타인(지음), 이영철(옮김), 《논리 - 철학 논고》(2006), 책세상
03. 헤르만 헤세(지음), 전영애(옮김), 《데미안》(2000), 민음사
04. 윤석철(지음), 《삶의 정도》(2011), 위즈덤하우스
05. 윤노빈(지음), 《신생철학》(2003), 학민사
06. 박이문(지음), 《하나만의 선택》(2013), 미다스북스
07. 김소연(지음), 《한 글자 사전》(2018), 마음산책
08. 신견식(지음), 《언어의 우주에서 유쾌하게 항해하는 법》(2020), 사이드웨이
09. 프리드리히 니체(지음), 이동용(옮김), 《이 사람을 보라》(2019), 세창출판사
10. 우치다 타츠루(지음), 박동섭(옮김), 《우치다 선생이 읽는 법》(2020), 유유
11. 메리언 울프(지음), 전병근(옮김), 《다시, 책으로》(2019), 어크로스
12. 손철주, 이주은(지음), 《다, 그림이다》(2011), 이봄
13. 유영만(지음), 《브리꼴레르》(2013), 쌤앤파커스
14. "수시로 광고 뜨고 문자 오고… 디지털 읽기, 이해력 떨어뜨리는 요소 많아", 〈조선일보〉, 2016년 3월 19일 자
15. "디지털 읽기 특징은 F자형 읽기 - 창간 96 특집 / 읽기 혁명", 〈조선일보〉, 2016년 5월 21일 자
16. 니콜라스 카(지음), 최지향(옮김), 《생각하지 않는 사람들》(2015), 청림출판
17. "삶의 향기 - 느리게 읽고 힘겹게 쓰기의 아름다움", 〈중앙 선데이〉, 2018년 6월 23일 자
18. 우치다 타츠루(지음), 김경원(옮김), 《어떤 글이 살아남는가》(2018), 원더박스
19. 요한 볼프강 폰 괴테(지음), 정서웅(옮김), 《파우스트》(1999), 민음사
20. 르네 데카르트(지음), 김진욱(옮김), 《방법서설》(2009), 범우사

21. "글 읽어도 이해 못 하는 사람 많아… 한글 문해 교육 강화 필요", 〈조선일보〉, 2019년 1월 14일 자 참고

22. 전광진, "애국가 단어 이해력 60점 이하면 당신도 빈어증", 〈주간 조선〉, 2016년 4월 25일 자

23. 최성우(지음), 《국어의 고수 2》(2009), 커뮤니케이션북스

24. 전광진, "애국가 단어 이해력 60점 이하면 당신도 빈어증", 〈주간 조선〉, 2016년 4월 25일 자

25. 김수업(지음), 《우리말이 서럽다》(2009), 나라말

26. 우치다 타츠루(지음), 현병호(옮김), 《소통하는 신체》(2019), 민들레

27. 요시모토 바나나(지음), 김난주(옮김), 《안녕 시모키타자와》(2014), 민음사

28. 엄기호(지음), 《고통은 나눌 수 있는가》(2018), 나무연필

29. 같은 책

30. 배수아(지음), 《당나귀들》(2005), 자음과모음

31. 허연(지음), 《그 문장을 읽고 또 읽었다》(2018), 생각정거장

32. 코리 스탬퍼(지음), 박다솜(옮김), 《매일, 단어를 만들고 있습니다》(2018), 윌북

33. 배철현(지음), 《수련》(2018), 21세기북스

34. 미우라 시온(지음), 권남희(옮김), 《배를 엮다》(2013), 은행나무

35. 사사키 겐이치(지음), 송태욱(옮김), 《새로운 단어를 찾습니다》(2019), 뮤진트리

36. 김동주(지음), 《언어유희 사전》(2019), 페르소나

37. 리처드 로티(지음), 김동식(옮김), 《우연성 아이러니 연대성》(1996), 민음사

38. 클로드 레비 스트로스(지음), 안정남(옮김), 《야생의 사고》(1996), 한길사

39. "오르내리는 바이킹의 공포와 인내, 우리 삶 비춰", 〈조선일보〉, 2020년 1월 1일 자

40. 이어령, "아시아 시대 … 다시 대한민국", 〈중앙일보〉, 2013년 1월 1일 자

41. 유영만(지음), 《니체는 나체다》(2012), 생각속의집

42. "뮐러 '죽음의 공포가 문학으로 이끌었다'", 〈연합뉴스〉, 2009년 12월 8일 자

43. 황현산(지음), 《밤이 선생이다》(2013), 난다

44. 황현산(지음), 《황현산의 사소한 부탁》(2018), 난다

45. 시어도어 젤딘(지음), 문희경(옮김), 《인생의 발견》(2016), 어크로스

46. 윌리엄 워즈워스(지음), 박병희(옮김), 《서곡》(2013), 울산대학교출판부

47. 김소연(지음), 《마음사전》(2008), 마음산책

48. 이외수(지음), 《감성사전》(2006), 동숭동

49. 정철(지음), 《불법사전》(2010), 리더스북

50. 정철(지음), 《인생의 목적어》(2013), 리더스북

51. 진은영(지음), 《일곱 개의 단어로 된 사전》(2003), 문학과지성사

52. 이문영(지음), 《웅크린 말들》(2017), 후마니타스

53. 론 마라스코, 브라이언 셔프(지음), 김명숙(옮김), 《슬픔의 위안》(2012), 현암사

54. 김승희(지음), 《그래도라는 섬이 있다》(2007), 마음산책

55. 이문재(지음), 《제국호텔》(2004), 문학동네

56. 강민혁(지음), 《자기배려의 책읽기》(2019), 북드라망

57. 이성복(지음), 《무한화서》(2015), 문학과지성사

58. 김수업(지음), 《우리말은 서럽다》(2009), 나라말

59. 정민 외(지음), 《살아있는 한자 교과서》(2004), 휴머니스트

60. 한근태(지음), 《한근태의 재정의 사전》(2018), 클라우드나인

61. 김성회(지음), 《리더를 위한 한자 인문학》(2016), 북스톤

62. 구경서(지음), 《영어 잡학 사전》(2017), 길벗이지톡

63. 《누가 내 치즈를 옮겼을까》의 저자 스펜서 존슨의 말이다.

64. 케빈 홀(지음), 민주하(옮김), 《겐샤이》(2013), 연금술사

65. 같은 책

66. 리처드 로티(지음), 김동식(옮김), 《우연성, 아이러니, 연대성》(1996), 민음사

67. 마이클 폴라니(지음), 표재명 외(옮김), 《개인적 지식》(2001), 아카넷

68. 아리스토텔레스(지음), 김재홍 외(옮김), 《니코마코스 윤리학》(2011), 길

69. 우치다 타츠루(지음). 박동섭(옮김), 《우치다 선생이 읽는 법》(2020), 유유

70. 정희진(지음), 《낯선 시선》(2017), 교양인

71. 여기서 제시하는 아이러니와 유머를 활용한 언어적 코드 해체작업은 지바 마사야의
    《공부의 철학》에서 빌려왔다.

72. 리처드 로티(지음), 김동식(옮김), 《우연성 아이러니 연대성》(1996), 민음사

73. 마르셀 프루스트(지음), 김희영(옮김), 《잃어버린 시간을 찾아서》(2012), 민음사

74. 지바 마사야(지음), 박제이(옮김), 《공부의 철학》(2018), 책세상.

75. 백우진(지음), 《단어와 사연들》(2018), 웨일북

76. 신영복(지음), 《강의》(2004), 돌베개

77. 우치다 타츠루(지음). 박동섭(옮김), 《우치다 선생이 읽는 법》(2020), 유유

유영만

지식생태학자, 한양대학교 교수

앎으로 삶을 재단하기보다 삶으로 앎을 증명하며 어제와 다르게 살아보려고 오늘도 안간힘을 쓰는 지식생태(生態)학자다. 책상머리에서 머리로 조립한 지식으로 지시하기보다 격전의 현장에서 몸으로 깨달은 체험적 지혜로 지휘하는 삶을 추구한다. 언어가 부실하면 사고도 미천해진다는 사실을 깨닫고 낯선 경험을 색다르게 표현하기 위해 언어의 연금술사로 변신하고 있다.

삶으로 앎을 만드는 과정에서 철학자의 주장보다 문제의식이 주는 긴장감에 전율한다. 그리고 그 경험을 낯선 언어를 사용해 어제와 다르게 표현하는 과정을 즐긴다. 익숙한 일상을 시인의 눈으로 바라보며 똑같은 현상에서도 비상한 언어로 새로운 발상과 개념을 낚아채는 공부에 관심이 많다. 오늘도 뜨거운 체험의 모루 위에서 틀에 박힌 언어를 갈고닦고 벼리면서 잠자는 사고를 흔들어 깨우는 일에 몰두하고 있다.

《브리꼴레르》, 《울고 싶을 땐 사하라로 떠나라》, 《폼 잡지 말고 플랫폼 잡아라》, 《아이러니스트》, 《이런 사람 만나지 마세요》, 《생각지도 못한 생각지도》, 《곡선으로 승부하라》 등 저서와 《에너지 버스》(공역), 《하던 대로나 잘 하라고》, 《빙산이 녹고 있다고》 등 역서를 포함해서 총 90여 권의 저·역서를 출간하며 다양한 사유를 실험해왔다. 읽으면서 쓰고, 쓰면서 강연하는 지적 탈주를 거듭하고 있다.

박용후

대한민국 1호 관점 디자이너, 피와이에이치 대표

'고정관념의 파괴자', '관점으로 미래를 연결하는 사람', '착한 기업 전도사'…. 그를 수식하는 별명은 수없이 많지만, 그는 다른 무엇보다 국내 유일의 '관점 디자이너'로 불리기를 원한다. 관점 디자이너로서 그는 유독 '착한 기업'의 성장을 도와 함께 성공하는 일을 보람으로 삼는다. 실제로 '관점 디자이너 박용후'에게 월급을 주었던, 또는 주고 있는 기업들은 대부분 착한 기업이다. 돈을 벌고 싶어 하는 사람들과 일을 하는 것이 아니라, 꿈을 이루고 싶어 하는 사람들과 일을 해야 한다고 믿기 때문이다.

'한 달에 13번 월급 받는 남자'로 알려지면서 대중의 비상한 관심을 모았고, 그 숫자는 현재 20번으로 불어났다. 고정적으로 출근하는 곳은 없지만, 세상 어디라도 스마트폰과 노트북만 있으면 다양한 사람과 자유롭게 접속하며 남다르고 창의적인 그의 행복한 일터가 된다.

기자 시절 체득한 '언어 톺아보기'를 관점 디자인에도 활용하고 있다. 세상의 모든 당연함에 "왜?"를 던지고, 사전 속에 갇히지 않으려는 유연함으로 현상의 이면과 뿌리까지 파고든다. '기업에서 가장 초청하고 싶은 강사'로 손꼽히는 그는 다양한 청중들과 부지런히 만나며 그들로부터 매일 새로운 언어, 새로운 관점을 얻고 있다. 저서로 40만 부 베스트셀러 《관점을 디자인하라》, 《오피스리스 워커》 등이 있다.

언어를 디자인하라

2022년 8월 31일 초판 1쇄 | 2024년 7월 26일 43쇄 발행

지은이 유영만, 박용후
펴낸이 이원주, 최세현 **경영고문** 박시형

책임편집 최세현
기획개발실 강소라, 김유경, 강동욱, 박인애, 류지혜, 이채은, 조아라, 최연서, 고정용, 박현조
마케팅 양근모, 권금숙, 양봉호, 이도경 **온라인홍보팀** 신하은, 현나래, 최혜빈
디자인실 진미나, 윤민지, 정은예 **디지털콘텐츠팀** 최은정 **해외기획팀** 우정민, 배혜림
경영지원실 홍성택, 강신우, 이윤재, 김현우 **제작팀** 이진영
펴낸곳 (주)쌤앤파커스 **출판신고** 2006년 9월 25일 제406-2006-000210호
주소 서울시 마포구 월드컵북로 396 누리꿈스퀘어 비즈니스타워 18층
전화 02-6712-9800 **팩스** 02-6712-9810 **이메일** info@smpk.kr

© 유영만, 박용후 (저작권자와 맺은 특약에 따라 검인을 생략합니다)
ISBN 979-11-6534-601-0 (03320)

쌤앤파커스(Sam&Parkers)는 독자 여러분의 책에 관한 아이디어와 원고 투고를 설레는 마음으로 기다리고 있습니다. 책으로 엮기를 원하는 아이디어가 있으신 분은 이메일 book@smpk.kr로 간단한 개요와 취지, 연락처 등을 보내주세요. 머뭇거리지 말고 문을 두드리세요. 길이 열립니다.